내 평생 걸어온 길

내 평생 걸어온 길

찍 은 날 2016년 9월 30일
펴 낸 날 2016년 10월 7일
지 은 이 권영자
펴 낸 이 장상태
펴 낸 곳 소망플러스
　　　　　서울시 서초구 서초동 1355-3 서초월드오피스텔 1605호
전　　화 02-6415-6800
팩　　스 02- 523-0640
이 메 일 is6800@naver.com
블 로 그 http:blog.naver.com/is6800

등　　록 2007년 4월 19일
신고번호 제2007-000076호

Copyright@소망플러스

ISBN 978-11-87469-01-8 (93230)

값은 표지에 있습니다.

내 평생 걸어온 길

권영자 지음

소망플러스

추천사

복음은 모든 믿는 자에게 구원을 주시는 하나님의 능력입니다. 이 책은 시골에서 우상을 숭배하며 살아가는 한 집안에서 태어나고 성장하여 결혼한 후, 뒤늦게 복음을 영접하여 놀랍게 변화된 삶의 이야기를 담고 있습니다. 이 이야기는 "주 예수를 믿으라. 그리하면 너와 네 집이 구원을 받으리라"는 말씀이 한 가정에 성취된 하나님의 역사입니다. 이 간증은 신앙생활에 어려움을 겪는 사람들에게 위로가 되며 가족구원을 소망하는 사람들에게 도전이 될 것입니다.

김인중 목사(안산동산교회 원로목사)

이 책을 읽으며 《천로역정》에 나오는 기독도의 모습이 생각났습니다. 수많은 고난과 시련의 대풍이 몰아쳤지만, 천국에 대한 소망을 가지고 끝까지 믿음으로 이겨낸 저자의 모습을 보며 기독도를 떠올렸습니다. 특히 저자의 영혼구원과 기도에 대한 특심은 고개가 숙여질 정도로 내면의 울림이 컸습니다. 복음에 대한 열정과 헌신이 많이 약화된 한국교회 성도들에게 큰 도전과 자극을 주기에 충분한 책이라고 생각합니다. 이 책을 통해 한국교회가 회복되고 새롭게 변화되기를 간절히 기도합니다.

최요한 목사(남서울비전교회 담임목사)

권영자 권사님은 끝없는 긍정의 아이콘이다. 사람에게는 믿음도 중요하지만 인간성과 의지가 중요하다. 긍정의 그릇에는 긍정의 신앙이 담기고, 부정의 그릇에는 부정의 신앙이 담긴다. 권사님은 불굴의 의지와 믿음과 열정으로 남편인 나승일 장로님을 변화시켰고, 어지러운 가정 상황 속에서도 건전한 판단과 지혜로 중심을 지켰다. 또한 강력한 언변으로 많은 사람을 변화시켰고 두 아들을 목사로 길렀다. 이는 권사님의 바른 인간성과 바른 신앙 덕분이다.

이 간증집은 마치 입담 좋은 동네 아주머니가 정자에서 풀어내는 이야기처럼 가독성이 좋다. 권사님은 말씀을 하실 때도 실감 나게, 현장감 있게, 맛깔나게 할 줄 아신다. 비교적 담담한 어조로 써내려간 이 간증집에도 그런 달변가적 면모가 묻어난다. 참 부러운 재능이다.

지금 우리에게 부족한 것은 치열함과 열정이다. 믿음과 사랑과 충성은 같은 것이다. 하나님께 딱 붙어 곁눈질 하지 않고 주님만 바라보는 것이 참된 믿음이다. 그렇게 달려온 권사님의 간증은 신앙생활을 취미생활처럼 하는 요즘의 성도들에게 이정표가 될 것이다. 마지막으로 칠순을 맞으며 간증을 책으로 낸 권사님의 용기에 진심어린 박수를 보낸다.

허강대 목사(단양교회 담임목사)

추천사

이 책의 저자이자 누님인 권영자 권사님은 아버지와 어머니의 믿음을 계승한 기도의 용장이며 성령으로 충만한 분이십니다. 온 가족뿐만 아니라 교회와 나라를 위해 기도하는 용사인 권사님의 생생한 간증이 담긴 이 책을 큰 기쁨으로 추천합니다.

권주식 목사(울산 신광교회 담임목사 역임 & 기독신문 이사장 역임)

큰 누님 권영자 권사님의 간증집을 출간하게 되어 매우 기쁘게 생각합니다. 이 책을 통해 하나님과의 첫사랑을 회복하여 귀한 사명을 감당하는 믿음의 사람들 되시길 축복합니다.

권규훈 목사(울산 번영로교회 담임목사 & 남울산 노회 증경노회장)

큰 누님은 이 시대에 흔히 볼 수 없는 깨끗하고 순수한 열정을 갖고 있는 분이십니다. 주님을 향한 뜨겁고 아름다운 이 이야기를 통해 신앙의 열정을 회복함으로 민족복음화와 세계복음화에 앞장설 수 있길 기도합니다.

권오달 목사(부산 참사랑교회 담임목사)

영적 전쟁 현장과 고난의 여정 속에서 어떻게 하나님의 선하심과 인자하심을 통해 한 사람과 가문이 회복되는지, 이 책을 통해 생생하게 확인하게 될 것입니다.

권주광 목사(서울 소망빛교회 담임목사)

서 평

권영자 권사님의 간증집 출간을 진심으로 축하드립니다.

이 책은 크게 세 장으로 나뉩니다. 제1장은 "내 삶에 찾아오신 하나님", 제2장은 "하나님께서 주신 사명", 제3장은 "하나님께서 베푸신 은혜"입니다. 이 세 장의 제목은 모두 하나님을 주격(主格, subject)으로 하고 있습니다. 이는 권사님의 삶의 주인(主人)이 하나님이시고, 하나님께서 권사님의 생애를 간섭하시고 인도하시며 주권을 행사하신다는 사실을 말하는 권사님의 신앙고백입니다. 다시 말하면, 하나님께서 권사님의 일생을 섭리(攝理, providence)하신 주인이라는 신앙고백입니다.

우리를 놀라게 하는 것은, 권사님의 지난날의 신앙생활이 한마디로 '파란만장' 한 고난의 세월이었으며, 그 세월을 믿음으로 극복하고 오늘날까지 승리의 삶을 살고 있다는 사실입니다. 더욱 놀라운 점은, 그 같은 지난 반세기의 파란만장한 고난의 세월이 생생한 기억력과 뛰어난 어휘력과 문장력으로 복원되어 이처럼 감동적인 한 권의 책이 되었다는 사실입니다.

나는 고난의 세월로 얼룩진 권사님의 간증을 '아픈 마음' 으로 읽으며, 야곱이 애굽 왕 바로 앞에서 "내 나그네 길의 세월이 백삼십 년이니이다. 내 나이가 얼마 못되니 우리 조상의 나그네 길의 연조에 미치지 못하나 험악한 세월을 보내었나이다"(창 47:9)라고 고백한 말이 생각났습니다. 권사님은 참으로 '험난한 세월'을 보내셨습니다. 그러나 지난 반세기, 권사님의 그 험난한 세월을 하나님께서 함께하시고 여기까지 인도하셨습니다. 할렐루야!

제1장 "내 삶에 찾아오신 하나님"에서는 사방으로 우겨 쌈을 당하고 있는 권사님의 온갖 시련과 고난과 아픔이 얼마나 모진 것이었는지를 읽을 수 있습니다. 권사님의 험난한 세월은 꽃다운 나이 18세에 결혼하면서부터 시작되었습니다. 주지스님의 수양아들(故나승일 장로)과의 결혼은 곧 신부가 앞으로 겪어야 할 고난이 얼마나 혹독할 것인지를 보여준 한 징표였습니다.

어린 신부를 힘겹게 하는 일들은 이뿐만이 아니었습니다. 정신 이상이 된 여동생과 막내고모, 그리고 육촌언니. 권 씨 집안의 세 딸들이 정신 이상이 되어 온 집안을 쑥대밭이 되게 한 일, 잡다한 귀신을 섬기고 무당굿을 일삼는 샤머니즘적인 가정환경, 결혼한 지 8년이 지나도록 거듭된 유산과 불임인 아내를 구박하는 남편, 날로 심해지는 남편의 학대와 핍박, 중풍이 든 아버지, 결혼한 지 9년 만에 하나님의 은혜로 첫 아들을 낳았지만 영양실조와 열악한 산후조리로 고생한 산모, 결핵과 백내장에 걸린 남편, 예수 믿고 술도 끊었지만 더 포악해지고 변화되지 않은 남편, 밤나무에서 떨어진 동생의 사고 등…
이 모든 것이 권사님을 우겨 싼 참으로 감당키 어려운 일들이었습니다.

하지만 놀랍게도 권사님은 "사방으로 우겨 쌈을 당하여도 싸이지 아니하
며 답답한 일을 당하여도 낙심하지 아니하며 박해를 받아도 버린 바 되지 아
니하며 거꾸러뜨림을 당하여도 망하지 아니하였다"(고후 4:8-9)라는 바울의
고백을 삶으로 보여주었습니다. 이는 연약하여 넘어지기 쉽고 깨어지기 쉬
운 질그릇 같은 권사님 마음속에 '보배'를 가졌기 때문이었습니다(고후
4:7). 곧 권사님의 삶의 한복판에 '찾아오신 하나님' 덕분이었습니다.

권사님은 자신에게 찾아오신 하나님을 붙들고 놓지 않았습니다. 하나님만
이 모든 문제의 해결자이심을 믿었기 때문입니다. 권사님은 오로지 하나님
을 의지하는 믿음으로 그 모든 시련과 고난, 말로 다할 수 없는 남편의 박해
와 핍박을 이기고 승리하였습니다. 그로써 친정의 세 딸들이 치유 되고, 결혼
한 지 9년 만에 첫아들을 낳은 이후로 첫딸과 둘째 딸, 그리고 (평택으로 이
사 간 후) 막내아들, 이렇게 4남매를 얻는 놀라운 하나님의 축복을 받게 되었
습니다. 포악했던 남편은 예수를 믿고 변화되었으며, 온 집안이 '인가귀도'
되는 놀라운 일들이 일어났습니다.

제2장 "하나님께서 주신 사명"에서는 고향(단양)을 떠나 평택에서 신앙생활을 하면서, 본격적으로 하나님께서 주신 사명을 감당하는 나승일 장로님과 권영자 권사님의 사역을 엿볼 수 있습니다.

충청도 단양에서 경기도 평택으로 이사한 것은 농사를 짓기 위해서였습니다. 그래서 3천 평의 땅을 구입하여 농사일을 했지만, 토질이 좋지 않아 농사가 잘 되지 않았습니다. 하지만 교회의 집사 직분을 맡아 두 내외가 열심히 신앙생활을 하였고, 그 결과 집사에서 장로로 피택 받은 나승일 장로님과 권사로 취임한 권영자 권사님은 주님의 몸 된 교회를 섬기는 일에 충성을 다하였습니다. 나 장로님은 교회의 재정을 맡아 청지기의 사명을 다하였고, 권사님은 특히 방언의 은사와 치유의 은사를 받아 교회를 섬기며 교인들을 돌보는 사역을 하였습니다.

평택에서 교회를 섬기며 사역한 권사님의 모습은 한마디로 '기도하시는 권사님' 입니다. 감람산 기도원, 오산리 금식기도원, 흰돌산 기도원, 태백 기도원 등을 찾아다니며 오로지 하나님의 능력의 손을 붙들고 온 힘을 다해 기도하시는 권사님의 모습은 참으로 감동적입니다.

이런 권사님에게 또다시 감당키 어려운 시련/시험(*tentatio, Anfechtung*)이 닥쳐왔습니다. 그것은 바로 '남편의 의처증' 입니다. 그간의 수많은 박해

와 핍박을 이겨낸 권사님이었지만, 장로가 된 남편의 의처증으로 인한 고통과 고문은 견디기가 너무 힘들었습니다. 하지만 하나님은 권사님에게 "이는 내가 사랑하는 딸에게 주는 마지막 시련/시험이다. 이 마지막 시험을 잘 이기면 형통의 축복이 너와 함께할 것이다"라는 말씀을 들려주셨습니다. 이 같은 하나님의 말씀에 힘을 얻은 권사님은 그 어려운 시련을 극복하고, 기도원 사역의 사명(使命)과 소명(召命)을 새롭게 하였습니다.

제3장 "하나님께서 베푸신 은혜"에는 장로님과 권사님이 단양 천동리로 다시 이사 와서 하늘 밑 첫 동네 깊은 산골에 '벧엘 기도원'을 세워 유명 강사님들을 모시고 집회를 갖는 기도원 사역과 함께 단양 장로교회의 장로와 권사로 주님의 몸 된 교회를 섬기는 이야기가 담겨 있습니다.

내가 장로님 내외분을 처음 만난 것은, 2006년 5월 단양 소백산 자락의 한 작은 '아름다운 골'(佳谷) '향기로운 산'(香山) 기슭에 새고을기독서원을 세워 목회교육연구원을 서울에서 이곳 단양으로 옮겼을 때입니다. 성실하고 선비처럼 올곧은 인상을 가진 나승일 장로님과 긍정적이고 적극적인 인상을 가진 권영자 권사님, 이 두 내외분과 단양교회에서 함께 신앙생활을 하면서 성도의 사귐을 갖게 되었습니다. 특히 '벌써'가 아닌 '아직도'라는 긍정적인 사고방식으로 신앙생활을 하시는 권사님이 참으로 인상 깊었습니다.

　권사님은 2011년 4월 12일 나 장로님이 소천하셨을 때도 그 같은 신앙의 모습을 보여주셨으며, 지금까지 하나님나라에 소망을 두고 그 나라를 바라보며 밝은 모습으로 신앙생활을 하고 계십니다. 이렇게 아름다운 권사님의 모습을 곁에서 지켜볼 수 있는 것은 저뿐 아니라 우리 교회 모든 성도들에게 큰 기쁨이 됩니다.

　이 간증집을 읽는 모든 분들에게도 이와 같은 감동과 기쁨이 고스란히 전해지기를 간절히 바랍니다. 권사님이 서문에서도 밝혔듯이, 이 책은 권사님 자신이 아닌 하나님 아버지를 높이고 그분께 영광을 돌리는 목적으로 쓰였습니다. 하여 독자분들께서는 그에 화답하는 마음으로 온 힘을 다해 권사님이 걸어오신 그 믿음의 길을 각자의 삶에서 굳세게 걸어가시기를 축복합니다. 다시 한 번 이 모든 이야기의 주인 되신 하나님께 감사와 찬양을 올려드립니다.

　　　　　　　　　김종렬 목사(전 영남신학대학교 총장, 새고을기독서원 목회교육연구원장)

내 평생 걸어온 길
My footsteps of my life

1장 내 삶에 찾아오신 하나님

My footsteps of my life

간증을 시작하며

2011년 12월, 무릎연골 수술을 하고 둘째 딸네 집에 가서 몸조리를 했다. 이듬해 2012년 어느 날 새벽에 기도하는 마음으로 일어났는데 갑자기 "네가 오늘까지 지내온 모든 생활과 신앙을 기록하라"는 마음이 강력하게 왔다. 그때부터 내 마음은 떨리고 콩콩 뛰기 시작했다. 나는 하나님께서 명령하시면 너무 두렵고 떨려서 견딜 수가 없는 사람이다. 지금도 손이 떨려서 글씨를 제대로 쓸 수가 없다.

2014년 2월 20일부터 3일 금식을 했다. 하나님께서 주신 이 명령을 들은 후부터 나는 학생이 학교 숙제를 못 해서 근심하는 것 이상으로 하루하루 걱정을 거른 날이 없었다. 금식을 마치고 바로 글쓰기를 시작하려고 했지만 하루하루 지나다 보니 용기가 나지 않았다.

3월 6일, 큰 아들과 둘째 딸이 사는 데 갔다가 9일 날 왔다. 아들과 며느리 생일이 3월 8일 한날이라 같이 밥 먹고 돌아와서 시작하려고 했는데, 그때부터 감기에 걸려 4월 28일까지 차도가 없었다. 게다가 4월 11일에 발까지 골절되어 꼼짝도 못하는 상태가 되었다. 생각해 보니 감기도 2개월째 안 낫는데다 축농증까지 걸린 것이 혹여나 내가 순종하지 않아서 하나님께 혼나고 있는 건 아닌가 하는 두려운 마음이 들었다.

하도 걱정이 되어 둘째 딸 혜진에게 털어놓았다. "너도 알다시피 엄마가 옛날에 초등교육밖에 안 받아서 아무것도 할 수가 없구나." 딸은 "오빠에게 얘기해 보면 어떻겠느냐"고 했지만 그것도 잘 될 것 같지 않았다.

일단 써 보자고 시작은 했지만 잘할 수 있을지 좀처럼 용기가 나지 않았다. 그러던 차에 전기 감전으로 양팔을 잃은 남자 집사님이 나오는 CBS 방송을 보게 되었다. 세계 장애인 올림픽에 참가해 갈고리로 그림을 그리는데 4억5천 만이 그 모습을 보고 감탄했다. 나도 넋을 놓고 보고 있는데 문득 이런 생각이 들었다. '이 방송을 왜 오늘 보게 되었을까?' 하나님께서 내게 이렇게 말씀하시며 책망하시는 것 같았다. '저 집사는 양팔과 발가락이 없는 상태에서 두 개뿐인 발가락으로 먹까지 갈아 세계적인 화가가 되었다. 너는 두 팔과 열 손가락이 다 있으면서 성경 해석을 하라는 것도 아니고 네가 그동안 체험한 것을 기록하라는 것인데 왜 계속 못한다고 하느냐?'

그러면서 다시금 내 마음속에 하나님의 성령이 임재하면서 마음이 설레고 울렁이고 마음 깊은 곳에서부터 환호소리가 나오면서 숨이 막힐 듯한 느낌이 들었다. 그동안 걱정근심으로 답답하게 막혀 있던 마음이 눈 녹듯 사라지면서 하나님께서 주시는 용기와 기쁨이 내 마음에 가득 찼다. 오직 순종만이 하나님을 만족시키고 나 또한 살게 하는 것임을 확인하는 순간이었다.

나는 비록 배움도 짧고 글재주도 없지만 내 인생의 곳곳에 하나님의 인도하심과 손길이 묻어 있다. 오로지 하나님 한 분만을 의지하여 살아온 내 삶을 되돌아보며 기록으로 남기는 것은 이를 통해 내가 아닌 하나님을 드러내어 온전히 그분께 영광을 돌리고자 하는 마음에서이다.

부디 이 간증집을 읽는 성도님들의 삶에도 하나님의 은혜가 늘 함께하시기를 간절히 바란다.

01

내 삶에 찾아오신
하나님

God, he comes to my life

여동생의 병

54년 전, 나는 18세 나이에 고(故) 나승일 장로님과 한마을 결혼을 했다. 친구들과 어울려 놀다가 연애 반 중매 반으로 결혼을 하게 되었다. 지금 섬기고 있는 단양장로교회 당회장 목사님이신 허강대 목사님은 우리더러 한마을 결혼을 했다고 '갑돌이와 갑순이'라고 부르곤 하셨다.

우리 남편은 주지스님의 수양아들이었는데 덕분에 나도 결혼해서 3년 동안은 절에 가서 수없이 절을 했다. 남편이 군대 갔을 때 스님이 돌아가셨는데 나는 흰옷을 입고 며느리 노릇, 상주 노릇을 하기도 했다.

나는 9남매 중 첫째이고 내 밑으로 남동생이 하나, 그 밑으로 여동생이 있는데 그 여동생은 초등학교를 졸업하고 중학교를 못 갔다. 그 시절만 해도 동네에서 우리가 제일 부자였지만 여자가 중학교 가는 집이 별로 없어 동네에서 두 명만 중학교에 갔다. 내성적이던 여동생은 그게 얼마나 한이 되었는지 1년 후 정신 이상이 되었다. 매일 무당굿을 하며 고쳐 보려 했지만 상태는 점점 악화되었다. 동생이 발병하기 1년 전 우리 친정 막내고모도 정신 이상이 되었고, 시집 간 육촌 언니도 같은 병이었다. 우리 권 씨 가문 딸들이 세 집이나 정신적으로 문제가 생기고 나니 온 집안이 쑥대밭이 되었다.

우리 할아버지는 산당을 믿고 점치는 일을 했다. 할아버지는 단수점을 쳐 주고 우리 아버지는 개고푸닥거리를 너무나 잘하는 분이었다. 동네 시골에서는 병원, 약국도 없을 때 누구라도 아프기만 하면 다 그렇게 개고푸리를 해서 병을 고치는데, 저녁 마당 어느 집이라도 꼭 한 집은 있고 많게는 세 집도 있었다. 그렇게 해도 안 나으면 우리 아버지께서 신을 불러내려 몸에 붙어 있는 귀신한테 물어보곤 했다. 그러면 며칠 전 남의 집에서 음식을 얻어먹었다든지 누구에게 옷을 얻어 입었다든지 꿈에 무엇을 보았든지 만나든지 할 때 귀신이 따라와서 병을 갖다 주었다고 했다. 어떻게 해주어야 하는지 물어 그렇게 해주면 정말로 병이 깨끗이 고쳐지곤 했다. 그 시절 우리 아버지는 주무시다가도 신이 내리면 온몸이 공중에 반은 떠올랐다. 조상들이 섬기던 그 무서운 악령들이 집안에 들어오니 집안에 딸 3명이 한꺼번에 미쳐 돌아간 것이었다.

친정어머니는 내가 결혼한 후 아들만 셋을 낳아 키우시느라 밖에 다니기가 힘들었고, 나는 결혼한 지 4년 만에 남편이 군대에 갔다. 나는 어린 나이에 산을 몇 등을 넘어 만신회장(무당)이 있는 집에 아홉 번이나 찾아가서 굿을 하고 어떻게 하면 나을지 물어보았다.

하루는 눈보라 치는 추운 겨울에 집도 하나 없는 산속에서 길을 잃어 헤매다가 밤늦게 그 무당집을 찾아갔다. 그분은 50세 남짓의 아주 인품 좋고 미남인 만신협회 회장님이었다. 그분의 아들 두 분이 우리 남편과 함께 군대에 갔는데 며느리들이 글을 알지 못해 신랑 편지를 받고도 답장을 못 하고 있었다. 그러다 내가 가면 편지를 써 달라 하여 없는 솜씨로 여러 번 써주기도 했다. 그분은 우리 집 사람들이 다 죽게 되었다는 소식을 듣고 깜짝 놀라며, 지금까지 자기도 할 만큼 다 해보았으나 자기 신으로는 더 이상 못하겠으니 크신 하나님을 믿으라고 이야기했다.

내 동생의 상태는 점점 심해져 감당이 되지 않았다. 한 1킬로미터 떨어진 옆 동네에 선귀주 권사님이 살았는데, 그분은 독실한 크리스천이었고 우리 집에 자주 전도하러 오셨다. 조금 모자라 보이셔도 믿음이 좋았고, 그분의 오빠 한 분이 6.25 때 예수 믿는다고 총에 맞아 순교 당하셨다고 했다.

하루는 강원도 영월동부교회 김화순 권사님 외 네 분이 오셔서 권사님 댁 흙벽돌집에서 제단을 쌓고 예배를 드렸다. 그래서 우리 어머니가 동생을 데리고 두 번 정도 가셨고, 3일째 되는 날 밤에 나에게도 같이 가자고 해서 처음으로 예배 자리에 가게 되었다.

첫 찬송으로 "만세반석 열린 곳에"와 "우리들의 싸울 것은"을 불렀다. 그 순간 나도 모르게 통곡이 나왔다. 무당집에 가다가 눈보라에 휩쓸려 가랑이까지 눈에 파묻혀 움직이지도 못하고 죽을 뻔했던 일이 생각났다. '진작 예수 믿었으면 동생이 깨끗이 나았을 텐데.' 이런 생각을 하며 실컷 울었다. 그러고는 집에 왔는데 전혀 교회 나갈 마음이 생기지 않았다. 그런데 그 권사님이 우리 엄마에게 딸이 앞으로 예수 잘 믿을 거라고 하셨다길래, 난 믿지 않을 거라고 대답했다.

신앙생활을 시작하다

내 밑에 남동생이 제천고등학교에 저 혼자 가서 시험 쳐 합격을 했다. 우리가 살고 있는 곳은 충북 단양군 영춘면 동대리라는 곳인데 버스도 안 다니고 6킬로미터를 걸어야 중학교와 시골 5일장에 갈 수 있는 아주 산골이었다. 제천까지는 족히 백 리는 될 것이다. 남동생이 제고를 다니면서 제천동부교회 고등부 학생회 활동을 열심히 하고 목사님 사랑도 많이 받았다고 한다.

해서 어느새 우리는 교회를 열심히 다니기 시작했지만 3년이나 된 여동생의 정신 이상은 좀처럼 낫질 않았다. 교회를 열심히 다니면서도 병만 낫게 해 달라고 울기만 했지 감사헌금도 할 줄 몰랐다. 누가 하나님께 감사헌금을 해야지 믿음도 들어가고 기적도 일어난다고 말해 주면 우리 어머니는 병이 낫지도 않는데 돈부터 내라고 한다면서 싫어하셨다.

술을 좋아하시던 우리 아버지는 가끔 교회에 오시면 감사헌금 만 원을 내고 5천 원을 거슬러 달라고 하셨다. 5천 원만 하고 싶은데 잔돈이 없으면 만

원을 내고 끝까지 거슬러 달라 하셔서 전도사님이 거슬러 주신 적도 있다. 그 모든 것을 생각하면 하나님께 부끄럽다. 우리 할아버지는 소 장사를 하셨는데 5일장에 가시면 닷새 전에는 집에 오시질 않았다. 그래서 별명이 '권닷세'이시고, 우리 아버지는 거기다 이틀을 더해서 '권이레' '고무짐바' 참으로 별명도 그런 별명이 없었다. 그랬던 할아버지도 돌아가실 때는 회개하시고 예수님 영접하시고 천국 가셨다. 우리 아버지는 변화 받으실 때 반은 미쳐서 성경을 한 권 다 태워 물에 타 마셔 버리기까지 했다. 온 식구들이 말이 아니었다.

어느 날 김천 용문산 기도원에서 여자 수도사 두 명이 우리 교회, 흙벽돌로 지은 한 다섯 평 되는 아주 작은 교회에 오게 되었다. 처음으로 그들의 설교를 들으니 정말 신기하고 하나님을 만난 것 같았다. 나는 정신 이상이 된 내 동생을 데리고 동대리에서 의풍이란 동네로 해서 하루 종일 큰 산을 몇 개 넘고 오십 리를 걸어 경상도 풍기라는 곳에 갔다. 거기서 기차를 타고 김천 나운몽 장로님이 하시는 용문산 기도원에 가게 되었다.

기도원에 가서 이튿날 동생을 잃어버렸다. 내 나이 23-24세쯤이었는데 정신이 이상해진 동생을 고치러 갔다가 잃어버려 3일간 만나지도 못하고 먹지도 자지도 못하고 얼마나 울고 또 울었는지…. 산으로 들로 내가 다 미칠 정도로 찾고 또 찾았다. 지금도 생각하면 눈물이 앞을 가린다. 결국 3일 만에 만났는데 그날따라 비가 왔다. 동생을 만나서 얼마나 울었는지 하늘에서 내리는 비가 내 마음속에서 흘러내리는 눈물 같았다.

용문산 그 위쪽 산 밑에 여수도사님 숙소가 있었는데 예쁜 수도사님 한 분이 좁은 마루에 서 계셨다. 나는 내 동생을 데리고 가서 자초지종을 말씀드리고 기도해 달라고 했다. 그분은 동생의 머리 위에 손을 얹고 간절히 기도해 주셨다. 그러고는 다시 잃어버릴까 봐 걱정이 되어 같이 간 수도사님께 도움을 청했더니 그런 환자를 맡아서 돌봐 주는 전도사님이 계시다고 했다. 내 기억으로는 한 7-8명 정도 되는 환자들을 데리고 계셨다. 비용이 한 달에 6만 원 정도였던 것 같다. 그곳에서 6개월에서 1년 정도 치료받고 신앙생활 열심히 하고 우리 가족도 열심히 교회에 다니기 시작했다.

은혜의 체험

우리 아버지는 신앙생활을 하면서 얼마나 사탄이 역사하는지 감당이 되질 않았다. 성경책 한 권을 불태워 물에 풀어서 다 마시고, 낮이나 밤이나 우리 집은 마귀의 역사가 떠나질 않았다.

세월이 흘러 아버지도 차차 정상이 되어 가시고 동생은 거의 완치되어 부산에 있는 한일합섬 회사에 들어가 직장생활을 했다. 그렇게 신앙생활을 하다 보니 나는 반 전도사가 되어 동생이 아플 때나 사탄이 역사할 때 동생을 데리고 산에 올라가든지 집에 있든지 어디서든 머리를 붙잡고 기도하고 부르짖었다.

나는 열여덟에 결혼하여 4년 만에 남편이 군대에 가고 열심히 신앙생활을 했다. 그런데 계속 자연유산이 되면서 아기를 낳지 못했다. 친정어머니는 나 결혼한 후에 아들만 셋을 낳았는데 나는 계속 유산이 되었다.

우리 집은 가까운 곳에 있는 한 다섯 평쯤 되는 흙벽돌교회에 다니다가 전도사님도 안 계시고 해서, 용진이란 곳에 있는 용진교회에 다니게 되었다. 그때 예수 믿고 처음 부흥회에 참석했다. 강사 목사님이 서울서 오셨는데 죽을 병에 걸려 리어카에 끌려 관악산에 올라가서 3년 동안 기도하시고 하나님의 기적으로 깨끗이 병이 나아 능력 받고 부흥회에 오신 목사님이셨다. 얼마나 은혜가 되는지, 나는 강대상 앞에 매일 앉아 눈물을 쏟으며 은혜의 체험을 하게 되었다.

담임 전도사님은 할머니 전도사님이었는데 성함은 손애로 이북서 오신 분이었다. 부흥회 참석하러 갈 때 한 3킬로미터 거리를 걸어야 하는데, 문득 결혼할 때 받은 금반지를 하나님께 드리고 싶다는 생각이 들었다. 장롱 깊숙이 숨겨든 금 세 돈짜리 약혼반지가 떠오른 것이다. 한편으론 남편이 군대에 가 있는데 그 반지를 하나님께 바쳤다가 돌아올 후환이 무섭기도 했지만, 하나님께서 주시는 마음은 어떻게 할 수가 없었다. 그때만 해도 돈이 없어서 감사헌금도 할 줄 몰랐고 그런 제물 바치는 것은 들은 적도 본 적도 없었다. 내 안에서 두 마음이 싸우고 있었다. 결국 나는 부흥회 목요일 날 낮 집회 마치고 오후에 근 십리 길을 달려 집에 와서 장롱 깊숙이 넣어둔 반지를 꺼내 갔다. 그때부터 나는 길을 가나 일을 하나 항상 주님과 대화하는 습관이 생겼다. 집에 오는 길에도 교회 가는 길에도 계속 주님과 대화를 하면서 생활할 때 그 기쁨은 말할 수 없었다.

반지를 가지고 교회에 도착하니 저녁 집회가 막 시작되는 중이었다. 전도사님이 제일 뒷자리에서 안내를 하고 계셨다. 나는 잠시 내 생각을 말씀드리고 반지 통을 건네 드렸다. 그러자 깜짝 놀라시면서 이건 안 되는 일이라고, 잘못하면 하나님 영광을 가린다고 하셨다. 그래도 나는 끝내 하나님께 드렸다. 그리고 부흥회 마지막 날 금요일, 밤 부흥회를 마치고 밤새도록 찬송하며 그동안 받은 은혜 간증을 하는 시간을 가졌다.

한 장로님께서 간증 시간에 이런 이야기를 하셨다. 목요일 집회를 마치고 집에 돌아가서 잠자리에 들었는데 예수님이 결혼하시는 꿈을 꾸었다고 한다. 어떤 신부가 아주 아름다운 드레스를 입고 예수님 손가락에 금반지를 끼워 드렸다고 했다. 그 간증을 듣는 순간 내 마음이 얼마나 기뻤는지 말로 표현할 수가 없다. 물론 반지를 바친 것은 전도사님, 강사님, 나만 아는 일이었다. 나는 옛날 시골에서 결혼을 해서 드레스는 못 입고, 족두리 쓰고 한복 원삼을 입고 결혼을 했다. 그래도 여자이기 때문에 드레스 못 입어 본 아쉬움이 마음 한편에 있었다. 그런데 꿈속에서라도 예수님의 신부가 되어 드레스를 입어 보았다고 생각하니 한도 미련도 다 없어지는 기분이었다.

그렇게 은혜를 받고 밤마다 혼자 예배를 드렸다. 그때는 우리 마을에 전기가 안 들어와서 호롱불 밑에서 매일 예배를 드렸다. 지금 생각하면 그냥 기도만 해도 되고 자유롭게 찬송하고 말씀보고 기도해도 되었을 텐데, 처음 교회를 다니고 농촌 교회에서 보고 들은 것이 없다 보니 교회서 하는 것과 똑같이 매일저녁 예배를 드리고 매일매일 울고 또 울었다. 슬퍼서가 아니라 기뻐서 울었다.

여인숙이 된 집

남편이 군대 가고 시어머니와 시동생, 나 이렇게 세 식구가 살았다. 그런데 집은 동네서 제일 좋고 방이 4개, 큰 대청마루가 2개 있었다. 그래서 동네 사람들, 할머니들, 시동생 친구들이 자주 우리 집에 잠을 자러 왔다. 그때만 해도 초가을이면 방에 장작불을 때어 고추를 말리거나 추잠누에(고치)를 치느라 시골에 방이 없었다. 그래서 초가을 밤이면 우리 집은 무료 여인숙이 되었다.

또 여름방학, 겨울방학이면 서울에 있는 건국대학교에서 10명씩 대학생들이 계몽을 나왔다. 학생들은 우리 집에서 한 주간 먹고 자면서 농사일을 도와주고 아이들도 돌봐주곤 했다. 일을 해보지 않아 (좁쌀나무) 조밭을 맬 때 조나무를 지그재그로 세워야 하는데 일렬로 세워서 밭에 일하는 분들이 웃음을 터뜨리기도 했다.

봉사가 끝나기 하루 전, 4개 리가 다 같이 모여 학교를 빌려 콩쿨대회(노래자랑)를 했다. 나는 한 해에는 1등을 하고 이듬해에는 2등을 했다. 1등 때는 좋은 만년필을 타서 군에 간 남편이 나왔을 때 선물로 주었는데 상부 대장에게 빼앗겼다고 했다. 2등 때는 물 양동이를 탔다. 그 시절에는 노래를 잘 불렀는데 지금은 방언기도를 많이 해서 목소리가 망가졌다. 노래로 1등을 했었다 하면 누가 믿기나 하겠는가. 또 마지막 밤이면 동네 사람들이 다 모여서 시원한 여름밤에 모깃불을 피워놓고 집집마다 맛있는 음식을 준비해 와서 밤이 깊도록 송별식을 재미있게 했다. 그리고 이튿날 계몽 나온 학생들이 가면 너무나 서운하고 아쉬웠다.

어느 추운 겨울, 간첩이 여기저기 나온다고 할 때였는지는 모르겠지만 집이 크다 보니 전투경찰들이 동네에 와서 우리 집에 본부를 차렸다. 우리 집 담벼락 옆에 큰 미루나무가 있었는데 그 나뭇가지를 잘라서 탁탁 연장으로 만들더니 총걸이를 만들어 본부를 멋지게 차렸다. 음력 설이 되어도 집에 못 가고 우리 집에 열 명 넘게 남아 있었는데, 설에 그분들에게 떡과 음식을 만들어 주느라 어린 나이에 내 고생이 이만저만이 아니었다. 집에 수도가 없어 멀리 용수물이란 곳에서 물을 길어 와 밥도 하고 설거지도 했다. 옛날에 물에서 용이 나왔다고 해서 용수물인데 물을 양쪽 양동이에 담아 등짐으로 길러 왔다. 내 남편도 군에 갔으니 전투경찰들을 가족같이 보살피고 최선을 다해 식사도 해주었다.

우리 친정 할아버지는 밥은 잘 안 드시고 옛날 집에서 빚은 막걸리 밀주만 드시고 사셨다. 앞에서 말한 것처럼 우리 할아버지 별명은 '권닷세'였고, 나는 그 '권닷세'의 손녀였다. 할아버지께서 우리에게 술을 음식처럼 먹이셔서 막걸리 술을 음식처럼 먹고 살았다. 그래서 우리 남편과 나는 술을 너무 좋아하고 잘 먹었다. 음력 설, 대보름, 2월 초하루 이런 때면 동네 쌀을 집집마다 한 사발씩 거두어 술도 빚고 밥도 했다. 우리 집은 넓고 깨끗하다 해서 대보름 당고사를 우리 집에서 주로 했다.

그날이 되면 남편과 함께 1월 13일 밤 용수샘물에 가서 그 추운 밤에 목욕 제계를 한다. 성황당 당고사를 맡아하는 집은 그렇게 해야 된다고 했다. 당고 사를 다 지나고 정월 한 달은 이집 저집 다니며 저녁마다 노래 부르고 쌀을 모아 밥하고 밤참도 해먹고 재미있게 논다. 동이에 물을 한가득 채운 다음 바가지를 거기에 엎어놓고 치면 신나는 물장구가 된다. 그렇게 해서 온 동네 집 안이 한집에 모여 노래를 부르며 놀곤 했다.

나는 처음 예수 믿고 교회에 나가면서도 명절만 되면 이렇게 술을 마시고 명절이면 노래 부르고 놀곤 했다. 그렇게 2-3년간 반복하며 세월을 보냈다. 교회도 다니고 싶고 세상에서 술 마시고 놀고 싶기도 했던 것 같다. 그래서 지금도 전도할 때 젊어서는 마음껏 놀다가 죽을 때 가서 믿고 천국가면 되지 않느냐고 말하는 사람을 보면 옛날의 내가 생각난다.

남편의 핍박

어느 덧 우리 남편이 군대에 간 지 3년 6개월이 지나 제대할 때가 되었다. 그 전에도 면회는 한 번 다녀왔지만 이제는 제대할 날이 몇 개월 남지 않았다. 나는 '약혼 금반지를 하나님께 드린 것을 남편이 알게 되면 큰 난리가 날 텐데' 하는 생각에 잠이 오질 않았다.

우리 남편이 군 생활을 한 곳은 강원도 화천이다. 오옴리 사방거리 등을 다니며 군인 사진사를 했다. 그래서 나름 편하게 돈도 좀 쓰면서 생활했다. 한 주간네 부대마다 오지에 다니면서 사진을 찍어서 사진관을 한 집 정해놓고 사진을 빼서 돌려주면서 또 찍기도 하고 했다. 그 사진관 집이 화천 고향 사진관, 교회 열심히 다니는 크리스천이 운영하는 곳이었다. 면회를 가니 사진관 사장님이 내가 예수 믿는 것을 알고 너무 반겨 주었다.

하루는 남편이 시간을 내어 이곳저곳을 구경 시켜 주었다. 그러면서 반지를 왜 안 끼고 왔느냐고 물었다. 잊어버리고 그냥 왔다고 말했지만 온통 그 걱정 때문에 구경도 제대로 못하고 밥맛도 없고 걱정이 태산이었다. 밤이 되

어 여관방에서 잠들기 전에 사실대로 이야기를 했다. 정말 죽을 각오로 조심
스럽게 말을 꺼냈다. 어차피 반지는 결혼의 언약으로 나에게 준 것이고, 내가
그것으로 무엇을 하든 이미 나의 것이니 이해를 해달라고 하면서, 내가 아이
를 낳지 못해 기도하던 중에 하나님께 드리고 싶은 마음이 들어서 드렸다고
솔직하게 말했다. 남편은 예상외로 담담하게 "돈을 몇 배 더 주고서라도 도
로 찾아올 순 없느냐"고 물었다. 그러나 반지를 가져가신 그 여전도사님은
강화 어디로 가셨는데 소식도 주소도 모를 때였다. 남편은 주머니에서 차비
를 꺼내 주면서 "오늘은 여기서 자고 내일 집에 가서 내가 제대할 때까지 기
다리라"며 군복을 챙겨 입었다. 그러고는 군화를 졸라매어 신고 구석에 총
세워놓은 것을 매고 나가려고 했다. 나는 용기를 내어 두 다리를 꼭 붙들고
"한 번만 용서해 달라"고 빌고 또 빌었다. 울며불며 간절하게 빌었더니 남편
은 차마 나가지 못했다. 우리는 침묵 속에서 하룻밤을 보낸 후 돌아갔다.

　남편이 제대를 하고부터 나에게는 큰 시련과 시험이 닥쳤다. 우리 남편은
총각 때부터 술 막걸리를 지고 가라면 못 지고 가도 먹고는 가는 술꾼이었다.
고종사촌 오빠네가 동네에서 구멍가게를 했는데 하루도 빠짐없이 '나승일
술, 술, 술…' 한 달 30일 외상값이 그어졌다. 술김에 매일 술만 사주면 교회
에 나가겠다고 말할 정도였다. 그래서 내가 2홉들이 술 한 병을 사서 주며
"엄마가 이거 마시고 교회 나오라고 한다"고 했다. 남편은 그것을 병째 마시
고 교회를 가다가 길옆에 있는 가게를 보고는 "술을 이것만 먹고는 못 간다"
하면서 가게에 들어가 2홉들이 술 한 병을 더 마셨다. 그리고 교회에 가서는
기분 좋게 취해서 예배를 아주 망쳤다.

　그때가 부흥회 기간이었는데 강사님 말씀 중에 훌륭한 사람은 여자 문제도
깨끗해야 큰일을 할 수 있다고 하니 "여기서 당신 과거를 아는 사람이 누가
있느냐? 그런 말을 왜 하나?"며 따지고 들었다. 또 성령 받은 사람을 함부로

대하면 안 되고 잘못 건드리면 성령의 힘으로 큰일 당한다 하니 "당신 태권도 몇 단이야? 내려와. 나하고 한판 붙자"면서 예배 시간을 엉망으로 만들었다. 나는 울면서 회개했다. 기도로 전도해야 하는데 수단 방법을 가리지 않고 교회에 나오게 하려다가 부흥회를 난장판으로 만들었기 때문이다.

정월 명절 때가 되면 남편은 낮에 교회에 가서 종을 땡그랑땡그랑 쳤다. 그 종소리를 듣고 교회 쪽을 내다보면, 내 시동생이 이름이 나승수인데, "승수형이 교회 가서 종을 친다"고 우리 집으로 동네 아이들이 몰려와 알려주었다. 남편은 교회만 갔다 오면 나를 고문하고, 애도 못 낳는 년이 교회 다니면서 약혼반지를 교회에 갖다 바치고 온갖 좋은 물건과 알짜배기를 다 교회에 바친다고 나를 비난했다.

우리 남편은 손이 귀한 집안에서 태어났다. 남편 위로 태어난 형들이 태어나면 죽고 또 죽고 하자, 부모님은 남편을 낳자마자 절로 보내 스님을 아버지라 부르게 했다고 한다. 그래서 불교 집안에 시집 와서 무슨 교회냐며 종교 싸움이 시작되었다.

우리 남편은 술집에 가서 술을 마시고 마음이 기분이 좋으면 찬송가를 후렴만 따서 불렀다. "기쁘고 기쁘도다. 항상 기쁘도다. 나 주께 왔사오니 복 주시옵소서." 또 마음이 울적하고 슬프면 "무거운 짐을 나 홀로 지고 견디다 못해 쓰러질 때 불쌍히 여겨 날 구해 줄 이 오직 예수" 이렇게 불렀다. 오죽하면 동네방네 소문이 날 정도였다.

하루는 나더러 내기를 하자고 했다. 자기는 불교에 대해 말을 하고, 나는 기독교에 대해 말을 하고, 누구 말이 맞는지 말싸움을 해보잔다. 사실 나는 기독교에 대해 몇 시간을 이야기해도 끝이 없지만 불교는 자기가 스님도 아닌데 알면 얼마나 알까. 결국 남편은 몇 마디 하지도 못하고 나 혼자 끊임없이 말을 하니, 내 손을 잡아당겨 손가락을 힘껏 쥐고 자기 손으로 내 손등을 때리기 시작했다. 얼마나 세게 때렸는지 손등이 밤알처럼 멍투성이가 되었다.

교회에 갈 때도 나는 저녁 먹기 전에 옷을 어느 정도 입고 준비한 다음, 저녁밥을 먹고 설거지를 끝낸 후 걸음아 나 살려라 하고 한 2킬로미터 떨어진 교회로 뛰어 나갔다. 예배를 다 마치고 주기도문을 하기 시작하면 내 가슴은 어느새 쿵쿵 뛰었다. 집에 와서 매 맞고 고문당할 생각에 겁에 질리기 때문이었다.

집에 오면 남편은 기다렸다는 듯이 담배연기가 자욱한 방에서 나를 마구 때리기 시작했다. 구석에 나를 처박아 놓고 내가 일어나려 하면 눕히고 누우려고 하면 일으키고, 자기 손에 힘을 빼고 나를 발발 떨게 만들었다. 힘이 들어 나도 모르게 "주여" 하면 "주여" 할 때마다 내 입을 주먹으로 때려서 지금도 윗입술 안쪽에 흉터가 남아 있다. 옛날에는 보리집가리나 가을에 산에 가서 좋은 풀을 베어다 말려서 세초가리를 해놓았다가 겨우내 소외양간에 소가 춥지 않도록 깔아 주는데, 그런 가리 한쪽을 빼내면 오목하게 사람이 들어가 포근함을 느끼고 잠도 잘 수 있는 공간이 생긴다. 방에서 도저히 잠을 잘 수 없을 때면 나는 그 낫가리 속에 들어가 숨어서 기도를 했다. 그러면 하나님께서 나를 사랑하신다는 느낌이 들어 위로를 받았다.

나는 한마을 결혼을 해서 친정도 동네에 있고 우리 권 씨 집안 친인척도 동네에 많이 살고 있었지만, 남편과 싸우고 야단맞아도 어머니나 친정에 절대 알리지 않았다. 그런데 내가 낫가리 속에 들어가 있으면 남편은 집집마다 나를 찾아다니고, 심지어는 교회까지 찾아다니다가 못 찾고 와서는 집에서 주무시고 계시는 시어머니께 "어멍요, 그년이 집집마다 다 가 보아도 없어요. 어디 가서 죽었나 봐요" 했다. 그 소리가 단번에 보리가리 속에서 자고 있던 내 귀에 들렸다. 그러면 우리 시어머니 말씀이, "그냥 교회 다니게 두지, 암만 말려 봐라, 되는가" 하셨다. 그런 소리를 들을 때면 나는 그렇게 기쁘고 좋을 수가 없었다.

이런 날들이 수없이 반복되었다. 남편에게 매일매일 잘했는데도, 남편 눈에는 유독 교회 가는 날에 내가 더 잘 보이려 하는 걸로 보였나 보다. 남편은 "저년 오늘 보나마나 교회 가는 날이야. 첩년처럼 잘하는 것 보면 다 알아" 하고 말하곤 했다. 나에게는 이름도 없고 여보라는 존칭도 없었다. 이년, 저년, 뭣할 년…. 우리 집은 외딴 데 밭 가운데에 있었는데 술 마시고 밤에 들어올 때면 "야, 뭣할 년아, 집에 있나 없나!" 이렇게 소리를 지르며 들어왔다. 잔치집이나 큰일집에 가서 술이 취하면 "우리 마누라는 금반지도 교회에 갖다 바치고 예수한테 미쳐서 집안에 남아나는 게 없다"고 사람들 앞에서 말했다.

우리 할아버지가 예수님 영접하시고 한겨울에 돌아가셨는데 음력 11월 18일에 교회장으로 장례식을 했다. 날씨가 얼마나 좋은지 밖에서 밥을 먹고 여름 날씨같이 화창한 장례식을 했다. 모두 찬송을 부르는데 남편이 개사를 해서 따라 부르며 장례식을 망치다시피 장난을 했다. "며칠 후 며칠 후 요단강 건너가 만나리" 하고 부르면 "멸치국 동태국 요단강 건너가 먹어라. 어이 어이 어쩌다 죽었어요. 아이고 아이고 아프다 죽었어요" 했다. 그러고는 예수를 믿느니 자기 주먹을 믿으라고 했다. 강퍅하기로 하면 이루 말할 수가 없었다.

할아버지가 돌아가신 지 얼마 안 되서 우리 어머니 꿈에 할아버지가 부끄러운 구원을 받는 모습이 보였다고 했다. 꿈에서 할아버지를 만나 "아버님, 시장하시지요. 제가 술막걸리 올리겠습니다" 하니 "애, 나는 전도사님 덕분에 좋은 곳에 와서 배도 고프지 않고 너무 잘 지내고 있다. 전도사님 잘 대접해 드려라" 하고 가시는데, 어머니가 배웅을 나가니 앞에 큰 강이 보였다. 징

검다리를 물에 빠질 듯 말 듯 아슬아슬하게 건너가시더니 어느새 파란 산이 있고 하늘까지 이르는 계단을 한 계단 한 계단 오르시더니 할아버지가 마지막 산꼭대기에서 하늘로 날아 올라가셨다. 그 모습을 보고 잠에서 깨어났는데 꿈이었다고 했다. 어머니는 새벽예배 시간이 일러서 새벽에 큰 토종닭을 잡아 전도사님께 드렸다고 했다.

계속된 유산

나는 남편이 군에 있을 때 자연유산을 세 번 하고 제대 후에 또 세 번을 해서, 총 여섯 번 유산을 했다. 일곱 번째 임신이 되어 제천산부인과에 가서 검사를 하니 아이를 낳기 힘들다고 했다. 열 달 동안 병원 침대에 가만히 누워 있어도 불가능하다고 했다. 남편의 구박은 날로 심해졌다. 자기가 7대독자이고, 새어머니가 들어오셔서 이제 두 형제가 되었는데 대가 끊기게 생겼다고 나를 원망했다.

남편은 우리 권 씨 가문이 아들을 잘 낳는다는 소문 때문에 강제로 나이 어린 나와 결혼을 했다. 우리 아버지가 독자의 아들이고 고모가 4명 있는데 고모네 집집마다 아들이 5명, 4명 그렇게 자손이 풍성했다. 그것을 보고 나와 결혼했더니 아이도 못 낳는 년이 예수까지 믿으며 누구 집을 망하게 할 셈이냐며, 술만 취하면 개울 건너 있는 친정집에 가서 띠동갑 우리 어머니에게 "병신 딸을 낳아서 누구 집을 망하게 하느냐"고 술주정을 했다.

우리 어머니는 딸을 시집보내고 나서 아들만 셋을 더 낳아 아들 다섯, 딸

넷 이렇게 9남매를 두게 되었다. 나는 매일 눈물로 기도하고 또 기도했다. 교회에 가서는 기도도 잘 못하고 예배만 참석하고 집에 오기 바빴기 때문에, 늘 생활 속에서 일터에서 날마다 주님과 대화하는 것이 습관이 되어 버렸다. 사무엘 엄마 한나 여인처럼 늘 중얼중얼 주님께 기도하며 살았다.

나는 비장한 각오로 기도원에 가기로 결심했다. 그때는 다른 기도원은 잘 몰랐기에 우리 동생 정신병 고치기 위해 갔던 김천 용문산 기도원에 가기로 했다. 두 번은 동생을 위해 갔지만, 이번에는 내 문제를 안고 가기로 했다.

8월쯤 여름 산상집회가 돌아왔다. 나는 남편에게 제천병원에 간다며 돈을 좀 해달라고 부탁했다. 그때가 우리 첫 아들 임신 3개월 때쯤이었다. 남편은 여름에 보리농사를 지어 농협에 겉보리 세 가마니를 매상으로 주고 받은 돈 6만 원을 내게 다 주었다. 나는 병원에 간다고 속이고 친정어머니께 쌀 두 되를 얻고 옷 몇 가지를 챙겨 동대리에서 영춘까지 한 6킬로미터 되는 길을 나섰다.

새벽에 일어나 영춘까지 가는데 버스 시간이 늦어서 지름길로 바삐 걸어가고 있었다. 어느 집 대문 앞을 지나는데 갑자기 누가 나무로 된 큰 대문을 열더니 세수한 물인지 설거지 한 물인지를 길 쪽으로 확 끼얹는 바람에 내가 머리서부터 발끝까지 홀랑 다 젖고 말았다. 그런데도 싸울 틈도 말할 틈도 없었다. 버스를 한 번 놓치면 두세 시간 기다려야 단양에 도착할 수 있기 때문에 물을 뒤집어쓴 채로 그냥 걸었다.

무사히 단양에 도착해서 김천 가는 열차를 탔다. 창밖을 내다보면서 몇 시간 동안 하염없이 눈물을 흘렸다. 이번에 기도원 가서 응답 받지 못하면 아예 집으로 안 돌아오리라. 남편은 매일 애도 못 낳는 년이라고 구박하고, 보리 세 가마 값을 받아서 몰래 기도원으로 가는 내 처지와 불투명한 앞날을 생각하니 막막하여 눈물밖에 나오지 않았다.

기차는 어느덧 김천에 닿았다. 나는 기차에서 내려 두원이란 곳에서 기도원 버스를 탔다. 기도원에 도착하니 딱히 갈 데도 없고, 대성전이 운동장만큼 큰데 거기에 자리를 잡았다. 거기서 용진교회 이명자 동생 동창인 친구를 만났다. 장로님도 함께 오셨다. 그 이명자는 용문산에 성경신학교를 하고 싶다고 계획하고 왔다고 했다.

　그때는 누구나 용문산에 가면 까만 치마와 흰 옷을 입고 있는 여수도사님을 볼 수 있었다. 그분들이 전국을 다니며 전도하고 8월에 민족복음집회를 하면 3천 명씩 모여들곤 했다. 믿음 있는 여자라면 다 해보고 싶고 사명에 불타서 되어 보고 싶은 대상이었다. 그런데 그해 여름집회 장소는 성전이 아니고 소나무가 듬성듬성 있는 약간 경사 진 야외였다.

　뜨거운 햇볕이 내리쬐어도 사람들은 자기 자리를 떠나지 않았다. 보리집으로 만든 두툼한 방석이 당시 3백 원이었는데, 그것도 돈 있는 사람만 사서 깔고 앉았다. 온 산에 보리집 방석이 널려 있었다. 말씀 듣기 좋은 자리를 잡아야 하는데 자리가 마땅치 않았다. 그러다 딱 내 마음에 드는 자리를 발견해 그리로 가서 쪼그리고 앉았다. 그런데 거기 50대쯤으로 보이는 한 아주머니가 금식 3일째라면서 누워 있었다. 나는 3일 동안 뒷자리를 돌아다니며 앉다가 크게 결심을 하고 죽더라도 좋은 자리에 앉아서 집회 끝까지 버텨야지 했다.

　그 당시 집회는 2주 12일간 했다. 8월 첫 주부터 8.15 광복절까지였다. 이스라엘 민족이 애굽에서 해방한 유월절은 우리나라가 일본에서 해방된 8.15를 상징했다. 우리 기독교계나 교단에서 용문산 기도원을 이단이라 하지만 나운몽 장로님은 그때부터 민족복음화운동을 하셨다. 지금의 민족복음화운동도 그때부터가 아닌가 생각한다. 나는 집회 때 순복음교회 조용기 목사님이 초청 되어 설교하시는 것을 보고는 지금껏 실물을 본 적이 없다. 성결교단

이만신 목사님도 그때 보았다. 그때 무슨 찬송을 많이 지어 부르셨는데 지금은 생각이 나질 않는다.

여하튼 딱 좋은 자리에 금식하신 분이 누워 계셨고, 나는 거기 쪼그리고 앉아 몇 시간씩 말씀을 들었다. 나운몽 장로님이 《천국론》이란 책을 쓰셨는데 그에 관한 설교를 하시면 여름 땡볕에 앉아 있던 사람들이 거의 다 졸았다. 그래서 나는 극장에 가면 간식을 가지고 들어가 먹으면서 영화를 보던 것을 생각해, 포도 한 송이를 거금을 주고 사서 예배 설교시간에 포도를 한 알 한 알 따 먹으며 졸음을 몰아냈다. 금식하는 분의 입에도 한 알씩 넣어 주었는데 그분이 날름날름 너무 잘 받아먹었다. 그래서 내가 생각하기를, 다들 나처럼 먹을 것을 준비해서 이렇게 먹으면 안 졸릴 텐데 왜 힘들게 저렇게 체격도 작으신 분이 목이 터져라 외치는데 다들 잠만 잘까 의아했다.

포도를 먹으며 열심히 들으니,《천국론》책을 쓰시다가 다 쓰지 못하고 중단하셨는데 영안이 안 열려 못 쓰던 중 3년 만에 다시 쓰게 되었다는 내용이었다. 그래서 나도 그 책을 한 권 사왔다. 그러면서 그 포도 한 송이를 둘이서 다 먹으면서 2시간 동안의 예배를 마쳤다. 금식하시던 그분은 그다음 시간부터 다리를 넓게 벌려 내 자리를 책임지고 맡아 주었다. 덕분에 나는 그 자리에서 끝까지 예배드리며 은혜를 받을 수 있었다.

나는 산골교회서 아는 것도 없이 신앙생활을 했지만 그 집회에는 믿음의 수준 있는 분들도 많았을 텐데, 누구 하나 나에게 예배 시간에 그런 것 먹으면 안 된다 하는 사람이 없었다. 내가 나이 25세에 절박한 심정으로 집회에 참여한 것을 불쌍히 여겨 하나님께서 사람들의 눈을 가려 주신 것이 아닌가 싶다. 지금 생각하면 참 부끄러운 기억이다.

한 4일째 되었을 즈음 하나님의 성령이 내게 임했다. 하나님은 방언도 주시고 하나님과 나만이 교통하는 시간에 세밀한 음성도 들려주셨다. "사랑하는 딸아, 내가 너에게 딸도 아닌 아들을 줄 것이다. 안심하여라." 하나님의 임재가 내 귀에, 내 머리에, 내 온몸을 감싸는 그 느낌. 체험하지 않은 사람은 모를 것이다. 그래서 나는 통성기도 시간에 목소리를 높여 목이 터져라 "하나님 감사합니다, 아버지 감사합니다" 하면서 무릎을 꿇고 반은 일어나 덩실덩실 춤을 추었다. 얼마나 춤을 추었는지 무릎이 다 까질 정도였다. 옆에 있던 사람들이 일어나 춤을 추라고 나를 일으켰지만, 오금이 붙어 일어나지 못하고 반은 미친 사람처럼 너무너무 기뻐서 울고 웃고 부르짖으며 환호했다.

집회가 4-5일 무르익어 가면서 많은 사람들이 일어나 천사처럼 성령의 춤을 추었다. 그날 오후에야 정신이 든 나는 대성전에서 집에 있는 남편에게 편지를 쓰려고 편지지를 샀다. 예쁜 편지지 대신 누르스름한 백로지를 몇 장 사서 남편에게 편지를 쓰려니 오전 낮 예배 시간에 은혜 받고 응답받은 그 마음은 간데없고 또 겁에 질려 두려운 마음이 들었다. 하나님께서 정말 이번에는 응답해 주셔서 출산에 성공할 수 있을까 하는 생각이 교차하면서 눈물이 종이에 떨어져 편지지 한 장을 채우지 못하고 찢고 또 찢었다.

'내가 사실은 제천병원에 가지 않고 당신이 제일 싫어하는 그 하나님 예수님께 마지막으로 목숨 걸고 기도하려고 용문산 기도원에 왔다. 이번에 기도해서 응답받지 못하고 기도가 안 이루어지면 이대로 집에 못 돌아가니 그리 알고 기다리지 말라.' 열여덟에 결혼해 스물다섯이 되도록 아이를 낳아 보지 못하고 임신만 일곱 번째라니…. 여자의 일생이 이토록 참혹하고 비참할 수 있을까 생각하니 눈물이 한없이 쏟아졌다. 기차 타고 가면서 흘린 눈물, 기도원 가서 흘린 눈물, 편지 쓰면서 흘린 눈물이 평생 흘린 눈물보다 많을 것이다.

편지를 집으로 부치고 금요일이 지나 토요일이 되었다. 다들 집으로 돌아갔지만 나는 주일날에도 남아 기도원에서 예배를 드렸다. 월요일이 되니 전국에서 또 3천 명의 성도들이 물밀 듯 밀려왔다. 용문산 입구에 들어가면 큰 나무문에 철 같은 것으로 장식을 한 큰 대문이 있는데 하얀 가운 입은 남자 수도사님들이 밴드 나팔 같은 악기로 찬양을 드리면서 사람들을 영접했다. 천국도 그런 천국이 없었다. 예배 시간에도 그분들이 악기로 하나님을 찬양하며 하나님께 영광을 돌리는 모습을 보면 나 같은 죄인이 이런 천국동산에 와서 동참해도 되는지 너무 감격스럽고 황홀했다. 성함은 기억나지 않지만 한 50대 박 목사님이 지휘하시는 모습, 나병을 앓고 손가락이 다 빠져 엄지손가락 하나로 주먹을 쥐고 예수천당 불신지옥 외치면서 주먹손으로 강대상을 치던 박만출(박민어) 장로님, 하얀 긴 수염에다 흰 두루마기 한복 옷을 입으시고 찬양하시던 그 모습이 생각난다. 나운몽 장로님이 말씀하실 때는 다 졸다가 회색 수도복을 입고 머리에 모자를 쓴 한라산 수도원 조 수도사님[지금의 감림산(양산) 이옥란 수도사님]이 나타나면 사람들의 시선이 고정되었다. 바라만 봐도 천사 같고 은혜가 되는 그분들. 오후 2시 예배는 그분들이 인도하셨다. 많은 수도사님들이 있지만 다 기억나진 않는다. 그리고 갓 입학해서 3~4년 된 수도생들. 전국을 다니며 전도하고 고생한 간증을 해주었다. 지금으로 말하면 거지전도단이다. 차비 하나 없이 걸어서 한 달 동안 전국을 다니며 반은 굶어 가면서 전도를 했는데, 기도원 올라와서도 밥 구경 하기가 힘들어 거의 밀수제비로 연명했다고 한다.

나는 집에서 천대받고 교인도 몇 명 안 되는 교회를 다니다가 기도원에 와서 엄청난 광경을 보니 '예수 믿는 사람이 이렇게 많구나. 나는 외롭지 않다. 용기와 힘을 내자' 하는 생각이 들었다. 오후 2시 수도사님들 간증 말씀을 들으면 은혜가 쏟아지고 오늘 죽어도 여한이 없다는 마음이 들었다. 어린 수도생들이 전국을 다니며 밥도 못 먹으며 고생하고 천대와 멸시를 받은 간증을 들으면 통곡이 절로 나왔다. 지금 우리 한국 땅에 많은 부흥이 일어난 것도 용문산 3백 명 용사들이 전국 아니 해외까지 영향을 끼쳤기 때문이라고 본다. 월요일부터 시작된 부흥회는 나날이 은혜로 무르익어 갔다.

나는 쌀 두 되를 가지고 갔는데 이명자는 쌀이 없어 보리쌀만 가지고 와서 내 쌀과 같이 밥을 해먹었다. 그때 주변에 식당은 없었던 것 같다. 밥을 해서 장로님들에게 한 끼 식사대접을 했다. 용문산 오른쪽에는 사사봉이라는 기도하기 좋은 산이 있고, 왼쪽에는 악산 맷돌봉이라는 산이 있었다. 맷돌봉엔 한 서너 명 앉으면 딱 맞는 반석이 정상에 있었다. 그래서 이름이 맷돌봉이었다. 그리고 가운데 산은 구국기도산 구국기도원 로테이션으로 사무실에 가서 접수를 해서 24시간, 하루에 한 시간도 빼먹지 않고 나라와 민족만을 위해 기도하는 곳이었다. 지금으로부터 45년 전에 그렇게 기도하는 장소가 어디 있겠는가. 이후 이단 삼단 소리가 있는데, 하나님만이 아시고 판단하실 것이다.

어느 날 예배 시간에 많은 은혜를 받고 가까운 산에 올라가 기도하는데 하나님께서 네 집에 갈 차비만 계산해 놓고 다 하나님께 감사헌금을 드리라고 하셨다. 보리 세 가마니 매상한 돈으로 차비하고 감사헌금 조금 하고 포도 한 송이 사 먹고 꽤 많이 남아 있었는데 그 돈을 다 하나님께 바치라는 것이었다. 그래서 차비를 하나하나 계산해서 남기고 정말 아까웠지만 눈물을 머금고 다 드렸다. 돈이 있을 때는 먹고 싶은 게 없었는데 수중에 돈이 없으니 왜 그렇게 먹고 싶은 게 많은지. 용문산 위에는 대성전 산상집회장소 또 개인집들도 많이 있었고 한동네였다. 입구에는 주차장도 있고 밑에 동네에서 시골 아줌마들이 그곳의 특산물과 음식, 부침개, 쑥인절미, 팥시루떡 등의 음식을 만들어 팔았다. 나는 한 푼도 없으면서 하루에 한 번씩 그곳에 가서 음식을 구경하고 침을 꼴깍 삼키며 입술만 빨았다.

쌀도 떨어지고 돈도 없고 금식 아닌 금식을 네 끼를 하고 나니 너무 배가 고팠다. 나는 길에서 굽고 있는 호떡 2개를 샀다. 호떡을 가지고 내려가 먹으려 하는데 용문산 야외예배 장소 입구에서 기도의 종을 만났다. 그분은 나병에 걸려 얼굴도 손도 다 망가진 믿음의 아들(노인)인데 기도 소원 있는 분들의 이름을 받아 적어서는 평생 그 자리에서 기도해 주는 기도의 종이었다. 남들은 점심시간이라 점심 먹으러 갔는데 그분이 혼자 남아 열심히 찬송을 하는 모습이 내 눈에 띄었다. 나는 도저히 그 호떡을 먹을 수 없었다. 그래서 호떡을 그분께 드리고 산에 혼자 올라가 또 울면서 기도만 했다. 밥을 네 끼 굶고 그 호떡을 먹었으면 위를 버릴 뻔했는데 하나님은 그렇게 나를 보호하셨다.

집회가 이틀 남았을 때였다. 8월 집회라 낮 집회는 산에서 하고 밤 집회는 대성전에서 했다. 기도원 간 김에 사사봉 올라가서 산기도나 한 번 하고 가야지 하고 오후 늦게 용진교회 이명자 동생하고 사사봉 정상에 올라갔다. 지금은 산기도 가면 두꺼운 옷도 가지고 가고 이불도 간단하게 가지고 가는데, 그때는 옷도 이불도 하나 없이 얇은 바지와 반팔 블라우스 한두 벌 가지고 갔다. 산에 올라가 미리 기도 장소도 봐놓고 해야 하는데 전혀 경험이 없다 보니 밤 11-12시까지는 무턱대고 찬송하고 기도했다. 양력 8월 밤 높은 산이 얼마나 춥던지 엄동설한보다 더 추웠다. 더구나 임신 3개월 입덧에다 먹지도 못하고 굶주리고 옷도 얇아서 그날 밤 거기서 얼어 죽는 줄 알았다.

그러던 중 희미한 불빛이 새어 나오는 오두막 한 채를 발견했다. 방 하나랑 부엌이 조그맣게 있는 아주 작은 집이었다. 나는 산에 기도하러 올라왔는데 추워 얼어 죽게 생겼으니 문 좀 열어 달라고 애원하고 애원했다. 모기만 하게 안에서 남자 목소리가 들렸지만 끝까지 문을 열어 주지 않았다. 그 집이 나병환자의 집이었는지 수도사의 집이었는지는 지금도 알 길이 없다.

그러다 새벽 4시경 어디선가 찬송 소리가 들려 더듬거리며 찾아가 보니 큰

바위들로 둘러싸인 큰 방 같은 장소에 7~8명 되는 사람들이 모여 기도하며 찬양하고 있었다. 모래 산이었는데 바위가 바람과 추위를 막아주었다. 그곳에 들어가니 온돌방보다도 따뜻하고 엄마 품보다도 포근한 느낌이 들었다. 나는 목까지 차올랐던 서러움과 추위가 녹아내리며 감사기도가 폭포수같이 나오기 시작했다. 부끄러움도 잊고 기도하고 찬송하는데 모두가 조용히 내 기도만 듣고 있었다. 그분들은 그곳의 지리를 잘 알아 그런 좋은 장소에서 밤새 기도했는데 나는 엉뚱한 데서 밤새워 고생을 한 것이었다. 다들 나를 위로해 주고 사랑해 주었다.

아침 햇살이 밝아올 무렵 오전 9시 예배에 참석했다. 낮 예배 마치고 또 오후에는 맷돌봉에 올라가 맷돌바위에 앉아 기도했다. 맞은편을 내려다보니 논과 밭이 보이고 집도 많이 있고 개울물도 흐르고 평화로운 마을이 저 멀리 보였다. 앞서 구국기도처 얘기도 했는데 나도 거기에 가서 1시간 정도 기도했다. 기도를 마치고 산을 내려오다 보니 다음 기도 순서자가 오고 있었다. 그 사람이 와서 종을 울릴 때까지 기도를 했어야 했는데 나는 그것도 모르고 5분 정도 자리를 비우고 말았다. 자격도 믿음도 없는 내가 그 중요한 시간을 비웠구나 하는 생각에 회개 기도를 했다.

오후예배를 마치고 내일은 집에 갈 계획이라, 그 근방에 가서 회개기도를 한 번이라도 더 하고 와야지 하는 생각에 산중턱까지 또 올라갔다. 지금은 산에 가면 손전등을 준비해 가지만 그런 것도 안 가지고 올라갔다. 그때는 손전등도 잘사는 집만 있었다. 밤 마실을 가면 강솔나무 소깽이 불을 들고 다닐 때였다.

어느 정도 기도를 하고 밤 11시경 산에서 내려오는데 어둡고 길이 험해서 고생을 했다. 돌 바위 틈 나무 사이길이라 낮에도 오르내리기 힘든 길이었다. 대성전을 내려다보면 마당에 외등불빛만 흐릿하게 보였는데, 길도 못 찾고 그냥 그 불빛만 보고 간신히 내려왔다. 다음날 아침 내가 내려온 길을 쳐다보니 어디로 어떻게 내려왔는지 알 수가 없었다. 지금 생각해도 이해가 안 간다. 천사에게 업혀 온 것일까. 하나님 아버지는 전에도 역사하셨고 지금도 살아 역사하신다.

이튿날 모든 집회를 마치고 남들은 아침부터 집에 간다고 다들 서둘러 기도원을 떠났다. 그러나 나는 호랑이 같은 신랑이 기다리고 있을 걸 생각하니 무서워 발길이 안 떨어졌다. 텅 빈 성전에 들어가 혼자 울며 기도하다가, 맞아죽더라도 집에 돌아가야겠다고 결심하고 기도원을 나섰다.

어디서나 전도 또 전도

용문산에서 걸어서 20리 길을 가면 촌마을 두진이란 곳이 있다. 그곳까지 와서 조그만 교회에 들어가 금요예배를 드렸는데, 어떤 자매가 자기 집에서 자고 가라고 하여 그 집에서 하룻밤 신세를 졌다. 다음날 아침을 일찍 차려 주어 먹고 8시 기차를 타러 나섰다. 길도 모르고 기차 시간도 정확히 몰랐다. 큰 개울이 있었는데 기차 철로가 개울 위로 몇 미터 가 있었다. 그렇게 길진 않았다. 한 100미터 가량 되는 것 같았다. 그 철길을 따라 걸어오는데 기차소리가 크게 울리며 내가 건너고 있는 곳을 향해 달려오고 있었다. 나는 하나님을 간절하게 부르며 철길을 미친 듯이 건넜다. 옆길에 서자마자 기차가 내 옆을 화살같이 지나갔다. 기관사가 나를 보며 "죽으려고 환장했냐!"면서 욕을 퍼부었다. 급행열차였다.

나는 역에 가서 한참을 기다려 충북 단양으로 가는 기차를 탔다. 처음이자 마지막 방문이 된 용문산 기도원과는 그렇게 멀어졌다. 기차를 타고 오면서 기차 안에서 계속 전도를 했다. 처음에는 믿는 사람들도 나를 좋은 눈으로 보지 않았다. 미친 사람이라고 여기는 것 같았다. 그러나 그때는 입만 열면 성령께서 말하게 하시고 종일토록 전도하게 하시던 시절이었다.

그때 우리 아버지는 한쪽에 중풍이 들었는데 처음에는 많이 심했다. 그러나 믿음생활을 잘 하시고, 강원도 태백 기도원에서 가서 원장님 기도도 받으시고, 우리 어머니가 생오리 피로 약도 해주셔서 한쪽 수족으로 농사를 지을 만큼 호전되었다. 그리고 중풍 맞은 지 28년만인 여든에 돌아가셨다. 내가 용문산 기도원에 다녀올 무렵에는 중풍 맞고 농사일을 하실 때였다. 그래서 나는 전도할 때 우리 아버지 이야기를 종종 했다. "하나님께서 한쪽 손이 죄를 범하면 한 손으로 천국 가는 것이 낫다는 말씀을 하셨는데, 우리 가정은 우상을 많이 섬겨 이 땅에 살면서 죄의 보응을 받는 건지 아버지가 중풍에 걸리셨다. 또 내 남편은 기관지 폐가 좋지 않아 보건소 약을 먹고 내가 매일 엉덩이주사를 놓아 준다. 그리고 눈도 한쪽이 백내장이어서 나중에 수술했지만 한쪽으로만 보고 살았다. 우리 하나님은 우리 아버지나 내 남편이나 돈은 하나 들지 않고 죄의 보응을 받았지만 이것이 다 나중에는 축복으로 변할 것이다"라면서 진리의 말씀을 전했다. 그랬더니 어떤 경상도 아저씨께서는 이 기차 안에 있는 사람들이 다 덤벼도 아주머니 하나를 못 이길 거라고 격려해 주었다. 그리고 여기저기서 음료수를 마시라고 주었다. 처음에는 시답잖게 보던 사람들도 나에게 와서 "나는 감리교회에 나간다" "나는 장로교다" 하며 자기가 다니는 교회를 말하면서 말을 건넸다. 내가 전도를 하면 얼마나 잘했겠는가. 이 모두가 하나님 성령께서 역사하신 것이다.

완행열차가 하루 종일을 달려 단양에 도착했을 때는 이미 캄캄한 밤이었다. 그런데 마침 옛날 단양 연천 기차역 근처에 사시는 어떤 40대 아저씨가 함께 내렸다. 나는 아저씨에게 "단양 영춘 동대리에 사는 사람인데 교회를 다닌다. 이 근처에 교회가 어디 있는지 좀 알려주시면 교회 가서 자고 내일 영춘 가는 버스를 타려고 한다. 영춘에서도 6킬로미터 산길을 걸어가야 우리 사는 동네를 가게 된다"고 했더니 자기네 집으로 가서 자고 가라고 권했다. 그래서 감사하게 생각하고 따라갔더니 기차 철로가 있는 동네에 집이 그렇게 많지는 않고 몇 집이 있었다.

밤늦게 도착해서 그 아저씨는 아이들 방에 가서 주무시고 나는 그 집 아주머니와 함께 잤다. 다음날 아침까지 주셔서 잘 얻어먹고 옛날 단양 버스 타는 곳에 가서 버스를 타고 영춘으로 갔다. 그때 하루에 버스가 몇 대 있었는지는 잘 기억나지 않지만, 버스를 타고 영춘에 가서 집까지 걸어가니 어느덧 밤이 되었다.

흑돼지를 준비하신 하나님

친정집이 우리 집 가기 전에 개울가 음달에 있어서 나는 친정에 먼저 갔다. 불을 끄고 다 자고 있는데 내가 작은 목소리로 "엄마" 하고 부르니 우리 어머니가 깜짝 놀라서 나를 반겨 주었다. 병원에 간다고 집을 나선 지 2주가 지나 나타난 것이었다. 우리 어머니는 내가 쌀을 얻어갔기 때문에 어디에 가는지 알고는 계셨지만, 그래도 그동안 얼마나 눈물로 기도하시고 애를 태우셨을까.

한편 우리 남편은 농사일도 하지 않고 매일 술로 세월을 보내고 있었다. 내 여동생한테 와서 "언니는 이제 집에 안 오고 어디 가 죽었을지 모른다"면서 울기도 하고, 엄마한테 술주정도 하고 매일 사는 것이 지옥 같았다고 한다.

어머니가 나를 우리 집에 데려다줘서 집에 와 보니, 남편은 어디서 잠을 자는지 남의 집에서는 잠도 안 자는 사람인데 밤새도록 들어오지도 않았다. 내가 아침을 하려고 일어나니 우리 남편이 대문 앞을 들어오는데 머리와 수염이 많이 길었고 얼굴도 그동안 술만 마셔서 반쪽이 되어 있었다. 한 손에 뭔가를 들고 있어서 뭔가 하고 가만히 바라보니 돼지 다리 한 짝이 아닌가. 그 순간 남편에 대한 무서움이 싹 달아났다. 그때가 명절도 아닌데 왜 어쩐 일로 동네서 돼지 한 마리를 잡았는지 모를 일이다. 동네서 돼지 한 마리를 잡아서 몇 집이 나누었다고 하는데 우리는 식구도 없는데 다리 한 짝을 준 것이다.

여호와이레 되시는 살아 계신 내 아버지 하나님. 용문산 기도원에서 있는 돈 다 하나님께 드리라고 하시고 매일 음식 파는 데 가서 침만 삼키게 하신 하나님. 굶주릴 대로 굶주리게 하신 하나님. 네 끼 굶고 호떡 두 개 샀는데 나 대신 나병 환자를 먹이신 하나님. 임신 3개월에 네 끼 굶고 호떡 먹었으면 탈이 나 몸에 해로웠을 텐데 나를 지켜 주신 하나님. 그러한 하나님께서 동네 사람 시켜서 집돼지 흑돼지, 너무나 맛있는 그 돼지를 잡게 하여 내가 집에 돌아온 그날 나에게 앞다리 한 짝을 먹이신 것이다.

얼른 남편 앞으로 뛰어나가 돼지 다리를 받아들면서 반겼더니, 우리 남편은 언제 화가 났는지 뒤도 없이 "안 죽고 살아 왔냐?" 하면서 술도 덜 깬 모습으로 나를 받아주었다. 내가 돼지고기를 얼마나 좋아했는지 옛날에는 주물럭으로 볶아먹을 줄도 모르고 구워 먹는 것은 알지도 못했다. 텃밭에는 벌써 가을 무와 배추가 좀 어리기는 했지만 풍성하게 있었다. 그 채소를 삶아서 돼지고깃국을 끓여서 며칠 동안 실컷 먹었다. 그땐 우리가 논농사도 조금 지었는데 보리밥을 해서 그 국에다 말아 실컷 먹었다. 세상에 부러울 것도 없고 너무 행복해서 정말 우리 아버지 하나님께서 나만 사랑하시는 것 같았다. 옛날엔 학교에서 운동회를 해도 돼지국밥을 먹었고, 산을 넘고 재를 넘어 5일 장을 보러 가도 돼지국밥 한 그릇 사 먹었는데 그렇게 만족스러울 수가 없었다.

며칠이 지나 나는 남편에게 이번에는 유산이 되지 않고 딸도 아닌 아들을 주신다고 하나님께서 내게 응답해 주셨다고 입으로 시인했다. 그 응답은 정말 이루어지기 시작했다. 4-5개월이 지나자 내 배가 조금씩 불러오기 시작한 것이다. 나는 더 열심히 교회 나가고 집안일도 최선을 다했다. 그래도 밥먹을 때 눈 감고 식기도를 잘 못했다. 남편이 군에 있을 때는 했는데 제대하고 나서는 내가 식사 때 기도하려고 눈만 감으면 "밥 먹는데 밥맛 떨어지게 눈깔을 지지 감는다"고 얼마나 혼내는지 속으로만 잠깐 기도할 뿐이었다.

그렇게 몇 개월이 지났는데 어느 순간 밥만 먹으면 소화가 안 되어 밥을 먹을 수가 없었다. 그래서 교회에 가서 울며불며 기도를 하는데 걸쭉한 가래침과 창자까지 다 올라올 듯한 구역질이 났다. 남편이 무섭다고 하나님께 감사드리지도 않고 매일 하루 세끼 밥을 먹느냐고 성령께서 나를 얼마나 책망하시는지 "네, 아버지 하나님, 이제부터는 남편에게 맞아죽는 한이 있어도 당당하게 감사기도하고 밥 먹겠습니다" 하고 말했다.

그 일이 있은 후 나는 이제 유산이 되지 않고 배도 불러오고 하니 기도 살고 해서 시어머니와 남편이 다 있는 데서 말을 꺼냈다. 내가 그동안 밥도 못먹고 고생했는데 이제는 식사 때 꼭 식기도 하고 밥 먹겠다고 말하고 식사를했다. 그 뒤부터 내 신앙은 더 자유로워졌다. 나는 남편에게 기회만 되면 교회 나가자고 권면하고 전도했다. 남편은 예수쟁이들은 자기만 나가면 되지물귀신처럼 남을 끌고 들어가려 한다며 거부했다.

결혼한 지 8년 동안 아이를 낳지 못할 때 우리 옆집에 사는 남편 친구네는 아들만 셋을 낳았다. 2명을 낳고 신랑이 군대에 가서 아이 엄마는 젊은 나이에 농사짓고 애기 키우고 산에 가서 지게에 땔감나무를 가득 지고 파란 청솔나무를 해다가 밥 짓고 불 때며 살았다.

하루는 그이가 너무 힘들어 하혈을 많이 했다. 서 있는데 다리 사이로 피가 땅바닥까지 흘러내렸다. 그래서 그 집 백일 된 아기를 내가 내 아들처럼 돌봐주었다. 그때만 해도 시골에는 연탄불 같은 것은 구경도 못할 때였고 나무가 없으면 아무것도 못하던 시절이었다. 그이가 너무 불쌍해서 아기를 봐주기는 했는데 우유도 없고 해서 감자를 으깨 그 물로 목을 축여 주고 사카린 물을 타서 조금씩 넘겨주었다. 아기는 달짝지근한 그 물을 혓바닥으로 핥아먹었다. 요즘 엄마들 같으면 사카린 물, 감자 물 먹이다니 큰일 날 일이라고 했을 텐데 지금 그때 생각을 하면 너무 미안하다.

한편 나는 8년이 되어도 아이를 못 낳으니 우리 신랑이 아예 나보고 "아기를 못 낳는 년이 무슨 유세냐"고 할 때마다 옆집 아기를 보면서 "아버지 하나님, 나에게도 이런 아기 하나만 낳게 해주세요. 아기를 낳고 그날 죽어도 아기 못 낳는 년 이름은 떼고 죽겠습니다. 제발 소원입니다" 하고 기도했다. 그 마음이 어찌나 간절했던지 하루는 그 아기가 막 울어대서 누구에게도 물려보지 않은 내 젖을 꺼내 물려 본 적이 있었다. 부끄러워 누구에게도 이런 이야기를 하지 못했다. 그때의 젊은 아기엄마는 어느새 74세의 할머니가 되어 여전히 나와 친하게 지내고 있다. 언제나 나를 보면 은혜를 못 잊는다고 고마워하지만 이런 이야기까지는 말하지 못 했었다. 하나도 남김없이 지난 일을 기록하려니 부끄러움을 무릅쓰고 이제야 고백한다.

핍박에 인내하라

우리 남편은 첫돌이 지날 무렵 어머니가 돌아가셨다. 두 번째 들어온 어머니는 3년 만에 아기를 낳다가 아기가 뱃속에서 못 나와 돌아가셨다. 돌아가신 다음에 배를 찢어서 아기를 꺼낸 후 분리해서 묻어 주셨다고 한다. 동네 사람들은 나더러 이 집에 아기 놓다 죽은 귀신이 있어서 아기를 못 낳는 거라고 했다. 큰 굿을 해야 한다고 했지만 나는 끝까지 하지 않았다.

세 번째 어머니는 남편이 여덟 살 되던 해에 들어오셔서는, 남편과 내가 결혼하여 25년을 모시다가 돌아가셨다. 시어머니가 남편 집에 들어오실 때 친정 식구들을 많이 데리고 들어오셨다고 한다. 세 살 먹은 딸 하나와 뱃속에 임신 중인 딸이랑 9월에 들어오셔서 그 이듬해 2월에 출산하셨다. 그 뒤로 딸 하나 아들 하나 이렇게 또 가족이 늘어, 원래는 우리 남편이 7대독자 외아들인데 우리 시어머니가 아들을 얻으면서 두 형제가 되었다고 한다. 어머님의 친정아버님까지 모시고 오셔서 우리 시댁 살림을 함께 돌보시고 함께 사셨는데, 내가 결혼하여 시어머님의 아버님을 3년 모시다가 돌아가셨다.

우리 남편은 고아 아닌 고아로 불쌍하게 자란 사람이라 마음에 상처가 깊었다. 그래서 괜히 나를 괴롭히고 교회만 갔다 오면 백지종이와 불펜을 내놓고 "네 년의 죄목을 일곱 가지 쓰라"고 수십 번을 말했다. 그렇지 않으면 이혼을 하겠다고 했다. 그런데 나는 쓰려고 해도 무엇을 써야 할지 또 어떻게 써야 할지 생각이 나지 않았다. 그래서 어떻게 쓰면 좋겠느냐고 물으면 "네 년이 알아서 써야지 그것을 나에게 왜 묻냐"며 오히려 화를 냈다. 그러면서도 "네 년이 도망가기만 하면 가출신고를 경찰서에 낼 것이고, 전국 어디로 도망을 가도 일주일도 안 가서 금방 잡힌다"고 엄포를 놓았다. 정말 집을 나가 버릴까도 생각했지만 고아 아닌 고아 같은 남편이 불쌍해서 행동으로 옮기지 못했다.

사실 그렇게 못되게 굴면서도 속으로는 나를 무척 사랑했다. 나를 아무데도 못 나가게 했는데, 왜 그렇게 꼼짝을 못하게 하냐고 물으면 심심해서 그런다고 무심하게 대답했다. "네 년도 군대 갔다 3년 만에 왔는데 혼자 있어 봐라. 얼마나 심심한지 아냐"고 말이다. 나는 할 말이 없었다.

한 번은 또 유산이 되고 이젠 더 이상 못 살겠다고 교회 전도사님이시던 김화순 자비량 할머니 전도사님에게 하소연을 했다. 그분은 영월동부교회 권사님이신데 성령충만 하시고 많은 은사 체험도 하시고 어려운 농촌교회를 돕는 마음으로 교인이 20명 정도 되는 작은 교회에서 사역하셨다. 그분께 더는 같이 못 살겠다 말씀드렸더니 지난날 자기도 남편에게 핍박당하고 고통당한 얘기를 들려주셨다.

남편이 영월화력발전소 간부였는데 어느 날 달 밝은 밤에 강변에 산책을 가자고 해서 따라 나갔더니 강변 모래사장으로 데리고 가더란다. 그래서 봤더니 미리 모래구덩이를 깊이 파놓고는 거기에 자신을 밀어 넣고 삽으로 모래를 퍼 막 묻으려 하더란다. 설마 끝까지 죽이기야 하겠는가 싶었지만 계속 모래가 내려와 거의 못 나오게 되었단다. 그래서 있는 힘을 다해 "주여, 믿습니다" 하고 갖은 힘을 써서 밖으로 뛰어나와 한걸음에 도망을 왔다고 했다. 그러면서 영자는 아직 그런 고통까진 안 당했으니 딴말 말고 밥이나 먹고 집에 가서 나 죽었네 하고 끝까지 승리하라고 했다. 예수 믿다가 핍박 온다고 다 집 나가고 도망가면 그 예수 어떻게 믿고 전도가 되겠느냐고 했다. 지금은 고인이 되셨지만 그때 그 말을 정말 잊을 수가 없다.

첫아이를 낳다

어느덧 음력 1월 23일, 양력 3월 8일, 드디어 첫 아들이 태어났다.
3일을 배가 아프고 진통을 했는데 백리 길을 넘게 가야 제천병원이 있기 때문에 병원 갈 생각은 아예 하지도 않았다. 양수가 먼저 다 빠지고 나중에 마른 아이를 낳았는데 정말 죽는 줄 알았다. 나는 소리소리 지르며 "가라 할 때 갈 걸 괜히 살았어" 하는 말을 수도 없이 했다. 남편이 옆에 있고 친정아버지, 친정어머니, 시어머니 모두 계셨는데 아이는 나오지 않고 쓰려져 죽을 지경이 되었다.

미역국을 먼저 끓여 먹고 부산에서 새로 오신 송지영 전도사님이 오셔서 안수기도 하시고 난리 끝에 3월 8일 아침 9시 25분에 우리 귀하고 귀한, 하나님께서 주시겠다고 약속하신 그 아들이 태어났다. 임신케 하신 하나님께서 출산도 책임져 주실 것을 믿고 기다리니 믿음으로 승리하게 하셨다. 한편 동네 아줌마들은 뒷문 담벼락에 와서 듣고 있다가 아기 울음소리가 나자 동네로 뛰어가 기쁜 소식을 퍼트렸다. 온 동네의 경사였다.

아들이 커 가면서 온 마을 사람들이 기뻐하고 사랑해 주었다. 아기는 목숨을 걸고 나왔는데 태반이 나오질 않아 나는 탯줄을 발가락에 걸고 5시간을 쪼그리고 앉아 있었다. 그래도 태반이 나오질 않자 5시간쯤 누워 있다가 저녁 8시경에 내 손으로 태반을 꺼냈다.

아기를 낳은 후 나는 회복이 좋지 않아 죽을 고비를 넘겼다. 태반을 빼내려 5시간 동안 앉아 있을 때 바람이 들었는지 밑이 부어오르기 시작하여 화장실도 못 가고 미역국과 밥도 제대로 먹을 수가 없었다. 젖도 억지로 먹였다. 그때가 음력으로 1월 23일 제일 추울 때였다. 그런데 우리 남편은 그때도 술을 너무 좋아해서 매일 동네에 나가 아들 낳았다고 생남주 내라 하면 얼씨구나 좋다 하고 한 달이 넘도록 술을 마시고 다녔다.

한 3-4일 지나다 보니 밑은 좀 나았는데 밤 11시경부터 하혈이 시작되어 새벽 5시까지 걸쭉한 핏덩어리가 얼마나 나오는지 막을 길이 없었다. 나중에 들은 얘기로는 힘센 남자가 솜뭉치나 부드러운 옷가지로 대고 발뒤꿈치로 막아야 된다고 했다. 신랑이 책을 보고 하혈에는 나물 원추리 뿌리가 약이라고 뒷담벼락에 가서 묵은 싹을 보고 곡괭이로 뿌리를 캐서 찐 다음 한 공기 먹였지만 효과가 없었다. 아기는 배가 고파 울고 있었지만 내가 일어나 앉을 수가 없어서 밥물을 끓여 먹이곤 했다.

신랑 보고 개울 건너 친정에 가서 아버지랑 엄마 모셔 오라 했더니 조금 먼 곳인데 두 분 다 새벽예배 가시고 안 계셔서 거의 5시 됐을 때 연락받고 나에게 오셨다. 그때 우리 아버지는 한창 은혜 받고 방언도 받고 신유의 은사도 받으셔서 환자에게 손만 얹고 기도하면 병이 금세 나을 때였다.

나는 피를 너무 많이 흘려 완전히 의식을 잃고 쓰러졌다. 그때 아버지가 오셔서 내 배에 손을 얹고 방언으로 기도하시는 소리가 내 귀에 어렴풋이 들려왔다. 동시에 내 입에서도 큰소리로 유창한 방언이 터져 나왔다. 집이 떠나가라 아버지, 어머니와 셋이서 방언으로 얼마쯤 기도를 했을 때 하나님의 능력으로 하혈이 싹 멈추었다. 그렇게 또 한 번 하나님의 능력과 역사하심을 체험했다.

정말로 아기 낳다가 돌아가신 분 때문인지 귀신의 역사인지, 결혼한 지 9년째에 아들 낳고 하나님 잊어버리고 아들만 더 사랑할까 봐 성령께서 역사하신 건지, 어쨌든 아들 낳다가 죽을 뻔했다. 내가 죽어도 좋으니 아기 하나만 낳아 보게 해달라고 기도해서 정말 기도대로 되려다가 하나님께서 살려 주셨는지도 모를 일이다.

지금은 아기를 가지면 철분제다 영양제다 한 달에 한 번씩 병원 가고 난리지만, 나는 열 달 동안 병원 한 번을 못 가고 임신 중에도 기도원 가서 거의 굶다시피 하고 영양보충도 제대로 못했지만 돼지 다리 하나 먹고 아기 낳는데 승리했다. 그렇게 하혈을 하고도 보약, 영양제 한 번을 못 먹어 보았다. 돈이 없어서가 아니라 너무 어리석고 몰라서 그랬다. 신랑의 사랑을 많이 받고 매도 많이 맞고 욕도 많이 먹고 해서, 나는 누가 뭐라 해도 미운 사람들 원수 같은 사람이 한 사람도 없었다.

몸이 그렇다 보니 매일 얼마나 울었는지, 밖에 나가 햇살을 볼라치면 눈이 너무 시려서 햇빛을 볼 수가 없었다. 빨랫줄에 기저귀 넣어놓은 걸 보면 너무 신기해서 마음이 울렁거렸다. '정말 우리 빨랫줄에도 기저귀가 널릴 날이 오는구나.' 그때 그 기분을 잊을 수가 없다.

우리 시어머니는 하혈한 빨래 한 다라를 빨래터 샘물에 가지고 가서 빨래를 하셨다. 그 동네는 용수물이라고, 샘물이 큰 마당만 한 넓은 물에 위로는 반듯하게 먹는 식수가 있고 밖에 넓은 공간의 물이 있었다. 거기에는 피라미같이 조금 큰 고기가 놀고 바닥에는 먹는 마래라는 것이 항상 올라왔다.

그런데 그 물이 비가 안 오고 가문 날에도 한쪽 구석에서 빨간 흙탕물이 주먹만 하게 나오기 시작하면 몇 시간 후에는 큰 마당만 한 물이 온통 빨간 흙탕물이 되었다. 땅에서 펑펑 올라오면 하얀 모래알이 위에까지 세게 올라와 땅에서 물이 치솟고 또 담구멍에서 산속에서 나오는 신비한 물이었다. 겨울에는 물이 너무 따뜻해서 그 주변이 안개처럼 김이 많이 나고, 여름이면 물이 너무 차서 어느 누구도 5분 이상 발을 담글 수 없었다. 산 밑에 그 물이 있어 세 동네 아낙네들이 빨래를 하러 모여들었다. 마당만 한 물 아래쪽에 양쪽으로 빨래터가 있는데, 일찍 가야 좋은 빨래터를 잡을 수 있었다. 한쪽은 넓고 물이 많이 흘러 내려가게 해서 그 밑에 물레방아가 있었고, 또 다른 한쪽은 큰 개울로 내려가게 해놓았다.

우리 시어머니가 피 묻은 빨래를 하러 개울에 갔는데 얼마나 핏덩어리가 많은지, 또 옷이란 옷을 얼마나 오래 닦아내었는지 5-6시간 흘린 그 피가 온 물을 빨갛게 물들였다. 시어머니는 제일 아래쪽으로 가서 억지로 빨래를 해서 큰 다라에다 며칠을 담가 놓았다고 했다. 지금 같으면 다 태워 버리면 될 것을 그때는 가루세제도 없고 세탁비누도 없어서 보릿가루에다 양잿물을 섞어 비누를 만들어 썼는데, 고무장갑도 없이 빨래하다 보면 손가락이 파여서 손이 다 망가지곤 했다.

내 몸은 조금씩 회복되어 가는데 신랑은 매일 밤 생남주를 마시고 집에 와 온 방을 휩쓸며 잠을 잤다. 우리 방이 크지 않았기 때문에 나는 술 취해 뒹굴며 자는 남편을 피해 아기를 이쪽저쪽으로 옮기느라 조리는커녕 잠도 제대로 편하게 잘 수 없었다.

출산한 지 23일째 되는 주일날, 나는 아기 젖을 잘 먹여놓고 2킬로미터도 안 되는 거리에 있는 교회에 가서 주일예배를 드렸다. 1시간 반에서 2시간 만에 집에 돌아왔는데 마을 입구에 들어오니 벌써 난리가 났다. 내가 집을 나가자마자 아기가 울기 시작했단다. 나갈 때는 분명 새근새근 자고 있었는데 깨어나 얼마나 울었던지 우리 시어머니가 같이 울었다고 했다. 집에 들어가자마자 시어머니는 "교회 안 가면 죽냐!" 하면서 나를 크게 야단쳤다. 죽어도 예수만 의지하고 살던 내가 교회 못 간 지 한 달이 되어 가니 교회에 가고 싶어 정말 생병이 날 것 같았다. 한 달 조금 넘어서는 아예 아기를 업고 교회에 가기 시작했다.

몇 개월 지나 농사철이 되어 모내기를 하는 날이 되었다. 술 좋아하는 남편은 술을 많이 먹고 논두렁에서 잠만 자고, 정작 모내기는 일꾼들만 하고 있었다. 시골 모내기를 할 때는 일꾼들이 일하며 하루 종일 먹을 술과 안주를 준비해 놓곤 했다. 남편은 해마다 모내기도 하지 않고 술에 취해 잠만 잤는데 아들을 낳은 그 해는 달랐다. 아주머니 몇 명이 점심밥을 가지고 갔는데 그날 따라 우리 남편이 잠도 안 자고 모를 심고 있었다고 했다. 사람들이 "아무개 엄마, 오늘은 아저씨가 아들 때문에 안 자고 모내기를 하고 있다"고 얼마만이냐고 놀려 댔다.

남편이 교회에 나가다

교회는 집에서 조금 떨어진 곳, 마을학교가 있는 아랫마을 교회에 다니고 있었는데 문제가 생겨 우리가 살고 있는 윗동네로 옮겨오게 되었다. 그때는 어느 정도 부흥이 되어서 교인이 한 30명 정도 되었다. 나의 초등학교 시절 교감선생님도 다시 부임해서 나오시고 여 선생님, 남 선생님, 사모님 등 동네 가호는 많지 않았지만 교회가 나름 재미있었다. 아랫마을에는 교회 터가 없어 우리 마을로 올라왔는데 몇 년 다니다 보니 아랫마을 사람들이 다시 누가 교회 터를 준다고 해서 다시 내려가겠다고 하는 바람에 예배만 마치면 매주 싸움이 일어났다.

그때 남자 청년회장이 일곱 사람을 뽑아 밤 9시부터 12시까지 3주 동안 최선을 다해 믿음으로 기도해 보자고 제안했다. 싸움도 지겹고 좋은 생각이라 여겨 나름 기도 좀 많이 하고 말수도 적고 은혜 체험도 한 사람 일곱 명을 택하여 하루도 빠지지 않고 기도를 하게 했다. 나 역시 그중 한 사람으로 뽑혀 기도를 했다.

2주가 지나 기도의 끝마무리 단계에 접어들 무렵, 갑자기 하나님의 성령이 내게 강하게 임하시어 교회에 대해 몇 마디 하게 하시고 우리 가정에 대한 예언기도도 하게 하셨다. 성령이 얼마나 강하게 역사하시는지 다른 분들의 기도는 잠잠해지고 모두가 내 기도에만 관심과 이목이 집중되었다. 아기도 매일 데리고 가서 기도했지만 한 번도 울거나 방해한 적이 없었다.

그때가 겨울이었는데 남편이 담배농사를 해보겠다고 말한 적이 있었다. 나는 그런가 보다 하고 관심도 없었는데, 그날 밤 기도 중에 성령께서 담배농사를 하지 말라고 했다. 하게 되면 큰 화가 들어온다고 했다. 남편은 그때 아직 교회에 나오지 않을 때였다. 담배농사 하지 말라고 되풀이해서 말씀을 하시더니 "아기는 둘도 바라지 말라"며 나에게 아기가 하나밖에 없다고 했다.

세월이 지나 교회는 결국 갈라졌다. 아랫동네 사람들은 자기네끼리 내려가고 윗동네 사는 우리는 그대로 남았다. 밑에 동네는 딱 한 동네밖에 없었고 조금 가면 용진교회가 있었다. 우리 동네는 양쪽 위로 가구 수는 많지 않았지만 두 동네가 더 있었다. 그래서 서울에 계시는 74세 되는 할아버지 전도사님이 오셨는데 교회가 얼마나 부흥이 되는지 40-50명 되는 교회가 너무 재미있었다. 청년들이 많이 나와서 옛날 남의 집을 맡아서 한 채씩 지어 주면 돈을 많이 벌어 교회 재정도 많아지고, 심방도 겨울철에 다니며 전교인이 몰려다녀 큰 잔칫집처럼 만두, 칼국수, 보리밥 해서 완전 축제 분위기였다. 예수님 때문에 참 행복했다.

또 겨울에 부흥회를 했다. 그래서 한 주간 부흥집회에 새벽이고 낮이고 아기를 데리고 열심히 참석했다. 끝나는 날 아침 먹고 피곤해서 한잠 자려는데 아기가 너무 큰 소리로 울어 댔다. 그때 식구가 직장에 가 있던 막내시누, 할머니, 남편 이렇게 다섯 식구였는데 아기가 너무 우니까 남편이 "야, 2년에 한주일 그렇게 부흥휜지 뭔지 미치게 다녔는데 얘는 왜 이렇게 우느냐"면서 나에게 버럭 화를 내면서 일어나 발로 나를 밟으려 했다. 그 순간 내 입에서 벼락 치는 듯한 큰 방언기도가 나오자 남편이 깜짝 놀라 발도 못 내리고 한참을 쳐들고 있었다.

나는 매를 많이 맞다 보니 방언기도 할 땐 눈을 뜨고 할 때가 많다. 내 입에서 방언이 나오고 또 통역이 나왔다. "이 악독하고 독사보다 더 독한 이놈아, 네가 잘나서 내 여종을 너에게 준 줄 아느냐? 언제까지 사랑하는 내 딸 내 여종을 멸시하고 천대할 것이냐? 내가 오늘이라도 네놈을 죽일 수도 살릴 수도 있다. 이 악독한 마귀야, 회개하라!" 방언 한마디 하고 우리말로 호통을 치니 정적이 흘렀다. 아기도 울지 않고 순간 분위기가 너무 조용했다.

내 입에서 한참 동안 무슨 말을 했는지 자세하게 다는 기억나지 않지만, 마무리 기도가 '예수님 이름으로 기도합니다' 가 아니고 '할렐루야 아멘' 이었고 그 후 내 입은 벙어리처럼 딱 붙어 버렸다. 얼른 정신을 차리고 보니 신랑과 시누 모두 혼이 나간 사람처럼 망부석이 되어 있었다. 그래서 건넛방 시어머니 방으로 얼른 들어갔다. 그때가 우리 아들이 두 돌이 될 무렵이어서 말을 막 배울 때였다. 아들이 나를 뒤따라 와서는 내 손을 붙잡고 방으로 도로 들어가자며 하는 말이 "엄마 찬송해, 아빠도 찬송해, 공우도 찬송해(고모 소리를 못해 공우라고 했다)"였다. 그런데 이게 웬일인가. 아빠가 "그래 하자" 하면서 고모, 남편, 모두가 둘러앉았다.

무슨 찬송을 부를까 하니 고모가 교회는 잘 안 다녔지만 "죄 짐 맡은 우리 구주" 옛날찬송 418장 찬송을 하자고 해서 그 자리에서 그 찬송을 불렀다. 부흥집회 마지막 날 아기를 통해 그렇게 역사하신 성령 하나님은 그 후부터 남편의 마음을 차차 녹아내리게 하셨다. 가끔, 아주 가끔이지만 몇 달에 한 번씩 교회 나오게 된 것이다. ✌

남편의 변화

　　그 무렵 우리는 담배농사를 하게 되었다. 담배농사는 담배를 한 잎 한 잎 뜯어서 지푸라기로 새끼를 꼰 다음, 그 새끼에다 담배를 한 잎 한 잎 끼워 담배건조실에 높이 달아놓고 가루로 된 연탄을 물에다 개어서 그것을 3-4일 정도 밤낮으로 불이 꺼지지 않게 때주어야 한다. 그래서 우리 남편은 밤에도 잠을 못 자고 담배를 말렸다. 지금은 전기로 공동건조장에다 담배 개는 틀로 작업하도록 편리하게 잘 되어 있지만, 그 당시만 해도 사람이 말라야 담배도 마른다 할 정도로 힘이 드는 농사였다.

　남편은 잠도 못 자고 불을 피우며 책을 읽었다. 남편은 책보기를 좋아했다. 초등학교밖에 못 다녔지만 한문도 독학을 해 거의 다 깨우쳤고, 성경책도 한문 성경을 보았고, 일기를 써도 글자의 반은 한문으로 써서 나는 알아보지도 못했다. 남편은 나 몰래 신약성경을 다 읽었다고 했다. 그래서 가룟 유다가 예수님 판 것을 보고 "어떻게 제자가 스승 예수님을 팔아 십자가에 못 박히게 할 수 있나" 하면서 혼자 울었다고 했다. 그렇게 울고 새벽에 방에 들어와 잠깐 눈을 붙였는데 방은 온데간데없고 하늘에서 소낙비가 막 쏟아지는데 자기가 방이 아닌 물 위에 둥둥 떠 있더란다. 그래서 눈을 뜨고 하늘을 봐도 비는 여전히 내리고 자기 몸은 물 위에 떠 있는데 하얀 옷을 입은 할아버지가 나타나 "너는 왜 그렇게 나를 핍박하느냐" 말하고는 없어졌다고 했다. 그 할아버지가 사라지자 깜짝 놀라 깼는데 꿈이었다고, 너무 두렵고 무서웠다고 했다. 그러고도 나에게 몇 년이 지나도록 그 이야기를 하지 않았다.

남편은 담배를 2년 동안 피우지 않았지만 연탄가스 때문에 기관지가 나빠져 결핵에 걸렸다. 보건소 약을 4년이나 먹고 엉덩이주사도 내가 놓아 주었다. 결핵이 재발하면서 슬슬 교회에 나가기 시작했는데 명절이나 무슨 행사가 있으면 그 술을 그렇게 못 끊었다. 한 달 끊었다 또 마시고, 오래 가면 3개월 동안 또 술을 마셨다.

처음에는 집사가 되어서도 술을 마셨지만, 주일날만 되면 머리 싹 감고 면도하고 제일 좋은 옷을 갈아입고 교회 제일 앞자리에 가서 무릎을 꿇고 예배시간 끝날 때까지 정성스럽게 예배드렸다. 교회에 나가기 시작하면서 주일성수, 십일조, 제사 안 지내고 추도식, 철저하게 지켰다. 나는 교회 다니면서도 명절에 차례상 차리고 여섯 번씩 제사상도 차렸다. 그래서 제사 밥 하고 솥뚜껑을 열면서 십자가 그리고, 밥 담고 부엌에서 제물을 차려놓고는 먼저 기도하고 꼭 그렇게 했다. 남편은 일찍 서리집사가 되었다. 술은 못 끊었지만 시골교회라 일꾼이 없어서 일찍 집사 임명을 받았다.

내 바로 밑 남동생은 결혼해서 대구 신학대학을 다니고 있었다. 그 강퍅하고 맨날 예수를 믿느니 내 주먹 믿으라 하던 매형이, 치사하게 목사나 전도사들은 여자아이들 모아서 최면술 걸어서 벌어먹고 산다고 그러던 매형이, 누나를 그렇게 핍박하던 매형이, 변화 받고 예수 믿게 되었단 소식에 기뻐하며 성경책을 제일 좋은 것으로 사서 보내주었다.

어느 날은 용문산 기도원에 집회가 있으니 같이 가자고 했다. 그래서 동생 내외, 내 고종사촌 남동생, 교회 청년회장 하고 있을 때 또 우리 육촌 형부(지금은 나이 팔십이 다 되어 미국에 계신다), 그리고 우리 남편 다섯 명이 용문산 기도원에 은혜 받으러 갔다. 다른 사람들은 소리소리 지르며 큰소리로 기도하는데 내 동생이 가만히 보니 매형은 소리 없이 눈물콧물 흘리며 속으로 기도하며 회개하고 있었다고 했다.

남편은 그때 기도원 갔을 때 맷돌봉에 올라가 큰소리로 기도를 했다고 한다. 기도하느라 누가 다녀간 건지 잘 모르겠지만 기도를 끝내고 눈을 떠 보니 맷돌봉 바위에 자기만 혼자 앉아 있었다고 했다. 기도하는데 쌀로 만든 뻥튀기 같은 것이 있어서 손으로 한 움큼 집으니 딱 한주먹이라 했다. 이 이야기는 그동안 한 번도 한 적이 없었는데 나중에 경기도 평택으로 이사해 홍광교회를 다니던 시절 우연히 듣게 되었다. 그 교회에서 허봉란 여자 전도사님을 모시고 부흥회를 했는데 그 전도사님 간증에 강원도 횡성 어디에 믿음 좋은 어떤 분이 하늘에서 하나님께 만나를 받아 항아리에 넣어 천정에 달아놓았다는 말을 했는데, 이 말을 듣고 우리 남편이 그때서야 무릎을 치면서 그럼 자기도 용문산 맷돌봉에 놓여 있던 그것이 쌀 튀밥이 아니고 하나님께서 주신 만나가 아니었는가 한 것이었다. 내가 경험한 것이 아니라 잘은 모르지만 우리가 기도원 하면서 제일 먼저 부흥회에 오셨던 이능규 목사님에게 여쭈어 봤더니 "아니, 지금 시대에 만나가 어디 있느냐"고 하셨다. 그래서 남편의 체험에 대해 확실히 무엇인지는 모르겠지만, 남편의 변화는 분명 하나님의 역사하심이었다.

농사를 짓다 보니 군대 3년간 떨어져 지낸 이후로 우리는 밤낮 늘 함께 있었다. 밭을 매면서 나는 "당신, 나에게 그렇게 못되게 군 거 하나님께 회개했느냐" 물으니 "벌써 했지. 그것이 여태 있냐" 하기도 했다.

몇 년도인지 기억나진 않지만 서울 여의도광장에서 빌리 그래함 목사님이 부흥회를 한 적이 있었다. 정말 가고 싶었지만 나는 갈 수가 없어 남편더러 가라고 하니 가겠다고 했다. 그래서 미숫가루를 만들고 갈아입을 옷을 챙겨 배웅하며 은혜 받고 오라고 했다. 그런데 하룻밤만 자고 이튿날 밤에 집으로 돌아온 것이 아닌가. 왜 이렇게 빨리 왔느냐고 물으니, 세상에 사람이 얼마나 많은지 정신이 하나도 없고 아무리 보아도 아는 사람 하나 없고 무슨 말씀인지 재미도 하나 없고 해서 도저히 못 있겠다 싶어 왔다 했다. 나는 기회가 너무 아까웠지만 남편의 마음을 헤아리며 그 믿음이 더욱 굳건해지길 기다릴 수밖에 없었다.

교회는 나갔지만 남편은 술만큼은 아직 끊지 못했다. 한 번은 감리교회라 속회예배를 우리 집에서 드렸는데 예배드리려고 빙 둘러앉으니 우리 친정엄마 집안사람들이 반은 되었다. 그런데 술이 기분 좋게 취한 남편은 빙 둘러앉은 사람들 가운데 놓인 옛날 등잔불 옆에 가서 면도칼로 자기 수염을 사각사각 깎았다. 지금같이 전기면도칼이 아니고 진짜 접었다 폈다 하는 그 면도칼로 떡하니 가운데 앉아 면도를 하니 예배가 진행이 되지 않았다. 뭐라고 한소리를 해도 우리 엄마와는 띠동갑이고 장모님을 너무 좋아해 장모님을 놀려먹고 장난을 쳤다. "애도 못 낳는 병신 딸 낳아서 누구 집안 망하게 하느냐"고 매일 술만 취하면 우리 엄마에게 떼를 쓰다 보니 미운 정 고운 정 다 들어 우리 엄마도 사위 중 큰사위를 제일 좋아하셨다. 그래서 어차피 속회예배는 친교고 우리가 예배 인도를 해봤자 얼마나 잘하겠나. 간단하게 예배 마치고 준비한 음식을 먹고 이야기꽃을 피우다가 돌아갔다. 개구쟁이 노릇을 해도 교회 나오는 것만으로도 다들 좋아하셨다. 🌿

술 끊고 포악해진 남편

세월이 흘러 둘째 딸을 낳았다. 그 딸이 한 세 살쯤 말을 막 배워 갈 때였다. 아빠가 술에 취해서 오면 딸은 백발백중 "귀신 온다!" 하면서 할머니나 내 등 뒤로 와서 숨곤 했다. 술이 취하면 그냥 오는 게 아니고 꼭 웃으면서 "아~ 술 취한다~" 하며 술주정을 했다. 그러면 그 웃는 모습이 내가 보아도 정말 귀신같았다. 어린 딸 앞이라지만 술 마실 때마다 그러니 참 심각했다.

그래도 정신 못 차리고 술을 자주 마시더니, 어느 주일날 아침 세수하고 거울을 보다가 깜짝 놀라 나에게 이리 와 보라고 소리를 쳤다. 가서 보니 한쪽 눈의 까만 눈동자가 아주 하얗게 되어 있었다. 그리고 앞이 잘 보이지 않는다 했다. 남편은 '내가 어린 딸에게 귀신소리를 들어가면서까지 왜 계속 술을 마셨을까? 결핵도 있지 눈도 백내장 걸렸지, 이렇게 살면 안 되겠구나' 하고 그때서 정신을 차리기 시작했다. 술을 안 먹으니 사람이 처음에는 바싹 마르고 말도 잘 하지 않았다. 한동네 사는 친정 오촌 댁이 우리 신랑하고 술친구인데 "영자야, 네 신랑은 술 안 먹으니 완전 바보가 되었다" 할 정도였다. 술 끊고 너무 예민해져서 식구들도 눈치 보느라 몇 달 동안 참 힘들었다.

봄이 되어 감자를 심는 날이 돌아왔다. 그날은 남편과 친한, 강원도 정선에서 이사 온 친구 아버님 생신이라 동네 사람들이 다 모여 아침도 얻어먹고 하루 노는 날이었다. 우리는 감자도 심어야 하고 남편도 술을 끊는 중이라 잔치에 가지 않았다.

그런데 우리가 키우던 젖 짜는 흰 양을 용수물가 근처 큰 운동장 풀밭에 풀어놓으려 내가 데리고 나갔는데, 바로 개울 건너에 있던 생일 집에서 여러 사람이 나더러 밥 먹으러 오라고 했다. 그래서 밥 하고 미역국 한 그릇만 먹고 떡이나 다른 음식은 안 먹고 금방 돌아왔다.

집에 왔더니 집 앞에 있는 천 평 넘는 감자밭에서 거름을 주던 남편이 다시 거름을 지게에 지러 집에 들어왔다가 왜 이렇게 늦었냐고 나에게 물었다. 그래서 생일 집에서 자꾸 오라 하여 밥 먹고 왔다 하니 얼마나 불같이 화를 내던지…. 내가 "떡도 하나 못 먹고 왔는데 당신이 그렇게 화를 내면 다시 가서 떡 먹고 오겠다" 농담을 했는데 그 순간 남편이 지게 작대기를 하늘 높이 쳐들고 내 엉덩이를 내리치려 했다. 나는 남편이 그렇게 화가 많이 났는지 정말 몰랐다. 두 손으로 엉덩이를 가려도 사정없이 작대기를 내리치는 바람에 양팔에 피멍이 시뻘겋게 들었다. 나는 팔이 온종일 부들부들 떨려서 견딜 수가 없었다. 병원도 못 가고 미안하다 소리도 결국 듣지 못했다. 그날 나는 감자도 못 놓고 방에 누워 울면서 몸부림만 쳤다. 그 팔 저림이 3개월도 더 갔다.

또 한 번은 담배농사 때문에 충주에 있는 할머니 세 명을 품삯을 주고 사서 담배조리를 하는데 시어머니 생신이 돌아왔다(음력 9월 3일이 어머니 생신이다). 해서 팥을 나무째 한 머리 이고 와 생일 준비를 하면서 힘들다 몇 마디 했더니, 술에 잔뜩 취해 있던 남편이 손바닥으로 내 뒷덜미를 수차례 내리쳐서 내 혀가 빠져나오면서 까무러치고 말았다.

　기절해 있는데 혀가 굳어 말은 못해도 말소리는 다 들렸다. 담배조리 할머니들이 "이 애기엄마가 완전히 죽었네" "친정이 동네 있다 하던데 어떡하면 좋으냐." "자기는 손 하나 대지 않았다" 하며 자기들끼리 수군수군 했다. 얼마 만에 나는 깨어났고, 이튿날 아침에 나는 또 아침밥을 해서 아무 일 없는 듯 지냈다.

　나는 지금껏 이런 이야기를 친정엄마에게도 형제에게도 자식에게도 한 적이 없다. 사람들은 우리 신랑을 가리켜 정말 착한 사람이고 그런 양반 중에 양반이 없다고 했다. 사실 맞는 말이었다. 남편의 폭력과 폭언은 순전히 종교 때문에 일어난 것이었다. 남편이 불교를 오래 믿다 보니 술에만 취하면 악령의 역사가 일어나 나를 완전히 죽이려고 이런 일이 벌어지곤 했다.

악령의 역사

　　동네에 우상을 많이 섬기는 집이 한 집 있었다. 집안에 무슨 일이 있어 별식을 만들면 부엌 한 구석에 나무로 짠 제단에 음식을 올려 놓곤 했다. 어머니는 돌아가시고 아버지가 몇 년 후 새장가를 가게 되었다. 아들 둘에 딸 하나 삼남매인데 위로 둘은 출가해 나이가 꽤 되고 슬하에 자녀도 다 두었다. 막내아들이 하나 있었는데 어머니 살아계실 때부터 돈도 많이 탕진하고 부모의 속도 많이 태웠다. 아버지가 재혼해서 큰아들과 따로 살았고, 막내아들도 군대 갔다 와서 아가씨를 하나 데리고 와 삼촌네 집에 사랑방을 하나 얻어서 살고 있었다.

　　그런데 그 아버지가 막내아들 몫까지 땅을 다 팔아먹고 막내아들도 사정이 어려워지자 같이 살던 아가씨에게 손찌검을 하기 시작했다. 여자를 데려와 살려니 돈은 없고, 누나가 쌀도 주고 반찬도 해다 주었지만 그것도 한두 번이지 혼자 힘으로 살기가 힘들었던 모양이다. 막내아들 성격이 원래가 포악한 데다 일이 잘 안 풀리니 여자에게 손찌검도 하고 잘 때 돌아눕지도 못하게 하고 완전히 여자를 구속하려 들었다. 그러자 여자도 사는 게 숨 막혀 남자 몰래 도망을 가게 되었다.

막내아들은 점점 정신이 이상해져 길을 지나가다 누가 앞에 걸리적거리면 아무에게나 주먹질을 하고 발길질을 했다. 그는 우리 할아버지와 아버지도 많이 때려서 한 달 넘게 꼼짝도 못하고 아프신 적이 있었다. 우리 아버지는 주먹으로 가슴을 맞아서 기침도 못하고 침도 잘 못 삼켰다. 고소를 하고 싶었지만 그 사람 누나가 우리 오촌 댁, 내 할아버지 친동생의 며느리이어서 이러지도 저러지도 못했다. 그래서 오촌 댁 때문에 고소도 못하고 오랜 세월 동안 집에 누워 계셨다.

새어머니는 벌써 집을 나가 버렸고, 집안이 더 복잡하게 되었다. 막내아들은 자기 아버지까지 구타하기 시작했다. 몽둥이로 손으로 발로 닥치는 대로 아버지를 때리며 괴롭히니 형네 부부는 집에 들어가 보지도 못하고 동네 친척 집에 숨어 지냈다. 동네 사람도 누구 하나 그 집에 얼씬도 못했다. 지금 같으면 경찰에 신고라도 하지만 그때만 해도 후환이 두려워 누구 하나 나서는 사람이 없었다.

그 사람은 3일 동안 매일 아버지를 때리고 마루 밑에 아버지를 넣었다 꺼냈다 마치 짐승처럼 자기 멋대로 행동했다. 완전히 이성을 잃고 악령이 들어가 사람으로서 해서는 안 되는 짓을 하고 말았다. 아버지는 결국 3일 만에 숨을 거두었다. 그동안 피를 많이 흘려서 몸이 수분이 없으니 목마르다고 누가 나에게 물 좀 가져다 달라고 애절하게 소리쳤지만 그 누구도 다가가지 못했다.

돌담 하나 사이에 우리 작은집이 살았고 작은집 옆에 우리 친정집이 살았다. 그 아버지가 죽은 다음, 경찰서도 아니고 영춘면 소재지에 있는 지서에 신고가 들어가 순경들이 나와 수사가 시작되었다. 며칠 동안 자기가 어떻게 했는지 마네킹을 가져와 재연을 했다. 며칠 만에 수사가 끝나 장례식을 치르고 막내아들은 감옥에 수감되었다. 그 집 큰형과 형수는 믿음이 없었지만 가정환경 때문에 신앙에 의지하려 교회에 나오고 있었다. 마루 처마 밑을 포함해 온 집안이 피투성이였다. 그들은 저녁이 되면 무서워서 집에서 잠을 못 잤다. 교회 사람들이 집에 찾아가 예배도 여러 번 드리고 잠도 같이 자 주었다.

나는 그분을 위해 매일 기도했다. 우리 아버지 하나님께서 원수를 사랑하라 하신 말씀이 계속 마음에 떠올랐다. 기도하면서 성경을 읽었는데 마태복음 25장 34-36절 말씀에 보면 여러 가지 말씀으로 칭찬하시면서 36절에 옥에 갔을 때 돌아보아 준 것을 언급한다. 오른편에 있는 자들에게, 그다음 왼편에 있는 자들에게 41절에서 44절까지 그들에게 하지 않은 것이 곧 나에게 한 것이라는 말씀을 읽을 때마다 내 마음은 너무나 괴로웠다.

교도소로 향하다

그 사람이 감옥에 간 지 3년이 흘렀다. 그 사람이 어느 감옥소에 있는지 아는 사람이 아무도 없었다. 그 사람 걱정을 하도 하다 보니 꿈속에서 내가 하얀 고무신을 사서 그 사람에게 갖다 주는 꿈을 꾸게 되었다. 그래서 그 형수한테 시동생이 지금 어디 있는지 아느냐고 물으니 청주교도소에 있다가 마산교도소로 갔다는 엽서가 한 번 왔었다고 했다. 나는 기도하면서 어떻게 하면 그곳에 갈 수 있을지 생각했다. 마침 내 여동생 둘이 부산서 좀 떨어진 김해 한일합섬에 다니고 있었다. 정신이 시원찮던 동생이 하나님의 은혜로 맑은 정신으로 돌아와서 자기 밑에 동생하고 방을 얻어 자취하면서 김해에 살고 있었던 것이다. 나도 그때껏 한 번도 가 본 적이 없었는데 이번 참에 가 보기로 했다.

나는 남편 몰래 이웃 일가 집에 5부 이자 10만 원을 빌렸다. 그러고는 내 큰 여동생에게 중매가 들어와 엄마를 좀 오시라 하는데 엄마가 혼자 갈 수 없으니 내가 모시고 다녀오겠다고 남편에게 거짓말을 했다. 영춘 한 십오 리 되는 길을 걸어서 버스를 타고 제천 기차역에 도착하니 오후 2시 기찬가 하여튼 2시간 내지 3시간을 기다려야 청량리에서 내려오는 차를 탈 수 있었다. 옛날에는 대합실에 기차를 기다리는 사람들이 많았다. 거기서 기다리면서 둘째 딸에게 젖을 먹이고 있는데 키도 크고 몸집도 큰 50대 아주머니가 정신 이상이 되어 계속 웃고 떠들고 했다. 지금이니 정신 이상이라 하지 그때만 해도 여자는 미친년, 남자는 미친놈이라 불렀다. 그런데 사람들이 그 아주머니를 둘러싸고 너무 재미있다는 듯 흥미진진하게 구경을 하고 있었다. 동물원 원숭이 저리 가라였다. 몇 년 전만 해도 내 동생이 저런 꼴을 당했었는데 하고 생각하니 하나님의 성령이 역사하셨는지 젖 먹이던 아기를 친정엄마에게 맡기고 그 여자 멱살을 바싹 끌어당겨서는 긴 역전 의자에 앉은 사람들에게 비키라 하고 사정없이 그 여자를 거기에 눕혔다. 그러고는 방언으로 건물이 떠나가라 소리치며 창자가 끊어져라 기도하기 시작했다.

어디서 그렇게 힘이 솟고 큰 목소리가 났는지 지금 생각해도 모를 일이다. 기도하면 할수록 그 여자도 강하게 발작을 하는데 내가 더 세게 나가니 그 사람 속에 있던 악령도 기가 죽기 시작했다. 눕혀 놓고 배를 누르다 때리다 그렇게 기도하는데, 그 배가 갑자기 남산만 하게 막 불러왔다. 역전에 있던 사람들이 까마귀 떼처럼 몰려와 그 광경을 구경했다. 그런데도 얼마나 담대한지 나는 조금도 부끄럽지 않았다. 배가 그렇게 불러오더니 똥냄새보다 더 독한 냄새가 났다. 마귀냄새였다. 나중엔 물고기 비린내라 할까 아니면 봄에 피는 밤나무 꽃 비린내라 할까. 아무튼 아주 기분 나쁜 비린내가 내 코에 진동을 했다. 옆에 있던 사람들도 느꼈는지 궁금하다. 몇 시간을 그렇게 씨름을 하니 나도 힘이 빠지고 그 사람도 힘이 빠졌는지 한참을 조용했다. 그러다 기차 시간이 되어 기차를 타게 되었다.

마귀 든 사람 기도하라면 목사님들도 다들 두려워하고, 여러 명이 그런 집에 심방을 가는 것도 무서워한다. 그런데 나는 내 동생 문제 때문에 교회 나가기 시작해서 내 동생 붙잡고 급하면 산이나 집에서나 어디서나 머리를 붙잡고 기도했기 때문에 그런 사람이 전혀 무섭지 않았다. 그런 환자를 보면 영적으로 신이 나서 '어디 너 한 번 죽어 봐라' 하면서 영적인 에너지가 막 생긴다. 옛날에는 정신 이상 걸리면 악령의 장난, 마귀의 장난이라고 해서 교회 나가면 정말 고치기도 하고 그로 인해 구원 받는 심령도 많았다. 그런데 지금은 정신병원에 보내 독한 약을 먹여서 잠만 재우고 치료하려 한다. 하지만 회복되는 것이 아니라 오히려 눈에 초점도 잃고 머리도 멍해지고 사람을 바보로 만드는 것 같아 안타까운 마음이 든다. 기차 시간이 되어 나는 기차를 탔지만 그 사람은 어디에 사는 누군지, 마귀는 나갔는지, 그 뒤로는 알 길도 없고 알려고도 하지 않았다.

기차는 밤새도록 달려 이튿날 김해에 도착했다. 형제들을 만나 마산교도소를 찾아가야 하는데 거기에 있기는 한 건지 모른 채 찾아가는 것이어서 혹시나 하는 마음에 차 안에서도 계속 기도를 했다. 그때만 해도 전국 어디든 못 찾아가는 곳 없이 잘 다녔다.

어느새 마산교도소에 도착했다. 접수처에 가서 접수를 하고 "박재식이란 사람 여기 있냐" 물으니 있다고 했다. 그 사람이 거기 있다는 말을 들으니 왜 그렇게 가슴이 뛰는지 진정이 잘 안 되었다. 한마을에 살았지만 그 사람하고는 말도 해 본 적 없고, 마지막에 본 모습은 양손에 고랑을 차고 경찰들이 양쪽에서 그를 잡고 데려 가는 모습이었다. 그 후로 몇 년 만에 보는 것인지. 만나서 무슨 말을 해야 하나, 전도는 어떻게 하나, 짧은 순간에 많은 생각들이 교차했다.

내 차례가 되어 면회 장소에 들어갔다. 그를 보는 순간 두려운 마음은 간데없고 그저 반갑고 안쓰러운 마음이 들었다. 햇빛을 못 보아 얼굴은 허옇고 머리도 까까머리였지만 아주 예쁜 모습에 얼굴이 평화로워 보였다. 옆에 경찰인지 교도관인지가 책상에 앉아 우리가 주고받는 말을 받아 기록하는 모양이었다. 그가 먼저 우리에게 말을 건넸다. "어떻게 이렇게 두 분이 오셨어요?" 아무도 찾아올 사람이 없는데, 자기를 면회 올 사람이 한 사람도 없는데, 누가 왔을까 궁금했다고 말했다. 그러면서 하필 당신들이 왔냐, 당신들한테 지은 죄도 많은데 지금이라도 사죄한다, 하면서 정말 미안하다고 사과했다. 그러면서 그 사람이 하는 말이 작년에 자기도 예수님 영접해서 예수 믿고 세례까지 받았다 했다. 그 말을 듣자 우리 엄마는 큰소리로 울기 시작했다. 너무 감격해서 흐느껴 우셨다. 나도 감사의 눈물이 났지만 울기엔 8분뿐인 면회 시간이 너무 짧았다. 그 사람은 성경책이 갖고 싶다고 했다. 그래서 면회 시간 마치고 매점에 가서 성경책 좋은 것을 한 권 사고 간식 이것저것과 용돈 4만 원쯤, 돌아갈 차비만 남겨두고 거의 다 그 사람에게 넣어 주고 왔다. 얼마나 감사하고 또 감사했는지 말로는 표현이 안 된다. 하나님께서 이미 그 사람을 구원하셔서 하나님 자녀 삼으시고 조금이나마 위로와 힘이 되어 주라고 나를 보내주셨구나 생각하니 너무도 감사했다. 그 사람이 받은 형은 10년이었다. 그 뒤로도 7년간 믿음의 편지를 몇 달에 한 번씩 주고받았다.

오목 기도원에 가다

어느덧 세월이 지나 셋째 아이를 낳게 되었다. 아이를 하나밖에 안 주신다고 하나님께서 공개적으로 말씀하셨는데 아이를 셋 얻으니, 기도할 때 내 말을 들은 사람들 사이에서 이런저런 말들이 오고가게 되었다. 나도 확실한 하나님의 뜻은 모르지만, 남편이 신앙생활을 잘하니 하나님께서 뜻을 돌이키신 게 아닐까 생각한다. 분명 기도할 때는 어떠한 하나님의 분부랄까 그런 것을 느꼈는데 시간이 지나면서 조금 달라질 때도 있다. 히스기야 왕이 죽을병에 걸렸지만 그가 기도할 때 하나님께서 15년이란 시간을 연장해 주신 것처럼 말이다. 하나님의 뜻은 우리가 상관할 일이 아니고 우리는 그날그날 주시는 은혜와 믿음으로 감사하며 최선을 다해 살 뿐이다.

제천 오목리에 오목 기도원이 있었다. 제천제일교회인지 중앙교회인지를 다니시는 권사님을 만났다. 그분께서 그 기도원에 유명한 부흥 강사님도 오시고, 용문산 기도원 수도사님이 땅을 사서 기도원을 설립해 집회에 가기만 하면 무료 식사 제공도 하고, 오기만 하면 된다 해서 집에 와 남편에게 얘기를 했다. 그래서 둘째 딸은 할머니께 맡기고 여섯 살 난 큰아들과 젖먹이 막내딸을 데리고 우리 집 네 식구, 또 교회 나오는 우리 집사님 친구 부인 이렇게 다섯 명이 부흥회에 참석하게 되었다.

기도원은 산 높은 곳에 있어 한참을 걸어 올라가야 했다. 단독주택 건물이라 차도 못 올라가는 곳이어서 수도사님이 아랫동네에서 벽돌 한 장 한 장 등에 지고 올라와 지었다고 한다. 교회 건물은 나중에 하나님께서 물질 주시면 짓고 우선 사람이 살 수 있도록 꾸미고 거실과 방문을 터서 집회 장소로도 쓸 수 있도록 해놓았다. 샤워장도 세수할 데도 없고 개울물도 없고 너무 불편한 점이 많았다. 한 분은 전도사님이고 한 분은 수도사님이었는데 두 분이 처녀의 몸으로 사역을 하고 계셨다. 집회에 모인 사람은 어른이 한 20-30명, 어느 교회서 다 함께 수련회로 집회에 참석했는데, 밤이 되면 잠자리가 정말 없고 무슨 텐트도 아니고 빙 둘러 포장을 치고 지붕도 없는 곳에서 학생들이 잠을 잤다.

8월 집회고 수련회 기간이었지만 비는 한 번도 안 오고 날씨가 정말 좋았다. 큰 텃밭이 있어 오전 예배를 마친 후에는 오후 예배가 없어 우리 남편은 밭에 나가 몇몇 사람들과 밭일 봉사를 했다. 식사는 아침저녁 밥만 주었는데 나는 아기에게 젖을 먹일 때라 배가 많이 고팠다. 그런데도 우리 가족은 나름 많은 은혜를 받았다.

하루는 통성기도 시간에 열심히 기도를 하는데 하나님께서 이런 마음을 주셨다. "이곳에 여러 사람이 있지만 너같이 행복한 자가 어디 있느냐. 누구 하나도 남편과 함께 온 사람이 없고 자녀까지 데리고 온 사람이 없다. 몇 년 전만 해도 아이도 없고 남편도 교회 안 다녔지만 지금은 제일 행복하고 복 많이 받은 사람이 너다." 성령께서 그렇게 은혜를 주셨다. 얼마나 감사하고 기쁜지 한없는 감사의 눈물을 흘렸다.

하나님은 남편에게도 은혜를 부어 주셨다. 오전 예배 마치고 점심은 없고 해서 우리 남편이 큰아들을 데리고 산에 기도하러 갔다. 기도하는데 하나님께서 방언의 은혜를 주시면서 밝은 빛을 보여 주시는데 눈을 감아도 떠도 너무너무 밝아서 감히 바라볼 수 없었다고 한다.

매점도 없고 간식도 가지고 가지 못했는데 아이가 배고프다고 떼를 쓴 적도 없고 무사히 집회 마지막 밤이 되었다. 가지고 간 돈은 다 감사헌금 하고 그래도 감사해서 10만 원을 작정했다. 여전도사님이 너무 은혜로운 분 같아 우리 교회 부흥강사로 오셔서 부흥회 해달라고 부탁하고 돌아왔다. 몇 개월 후 여전도사님은 우리 교회 부흥회에 오셔서 많은 은혜를 나누어 주었다.

1년 후쯤 교인 7-8명이 기도원에 가서 또 은혜를 받고 왔다. 우리 남편은 그때 함께 가서 한주일 내내 금식하고 집에 와서 식사를 했다. 그때만 해도 집에도 동네에도 전화가 없어서 소식을 알 수 없었다. 나는 기도원에 간 사람들 모두 우리 집에 와 저녁식사를 하면 좋겠다고 정성껏 기도했다. 나는 비록 기도원에 가지 못했지만 은혜 충만 받은 분들에게 식사 대접하고 그들이 받고 온 은혜와 복을 나눠 받고 싶었다. 그런데 남편은 금식을 하고 왔는데 죽을 끓여 줘야지 밥을 준다고 내게 야단을 쳤다. 그래서 밥을 으깨서 죽을 만들었다. 보호식도 제대로 해주지 못했다. 그때는 마음만 컸지 그런 지혜가 많이 부족했다.

동생의 사고

우리 친정에 아들로는 둘째 아들이고 위에서 다섯 번째인 동생이 그때가 중1쯤 되었었다. 영춘중학교, 6킬로미터 되는 거리를 험한 산길로 다니고 있었다. 해가 다 저물어 갈 때쯤 집에 도착했는데 아래동생이 밤을 따 달라 하니 책가방을 던져놓고 교복을 입은 채 밤나무에 올라갔다. 그런데 밤을 따주려 하다가 밤도 못 따고 높은 나뭇가지에서 떨어지고 말았다. 다행히 떨어질 때 바로 떨어지지 않고 나무에 한 번 부딪혔는데, 우리 뒤뜰 안 처마로 돌아내리면서 돌판에 머리를 부딪혀 아주 정신을 잃고 말았다. 그래도 빨리 발견을 해서 밤에 우리 남편하고 고종사촌 오빠 그리고 친척 여자 몇 명, 어머니, 아버지 이렇게 손전등을 들고 6킬로미터나 되는 높은 산길 벼랑 사이를 업고 달렸다. 남편과 고종사촌 오빠가 둘이서 동생을 번갈아 업어가며 영춘에 있는 병원도 아니고 서울에서 대학 실습생들이 와 근무하던 지정 보건소에 데려갔다. 거기서 치료를 받는데 동생은 정신을 완전히 잃고 식물인간처럼 숨만 쉬고 있었다.

나는 그날 밤에는 못 가고 아기를 업고 그 이튿날 보건소에 갔다. 가서 보니 동생이 정신을 못 차리고 심장만 간신히 뛰고 있었다. 그래서 아버지, 어머니, 남편, 모두에게 얘기해서 큰 병원으로 옮겨야지 이렇게 해서는 동생이 죽게 생겼다고 설득하여 영월성모병원으로 옮겼다. 그때만 해도 영춘에 택시도 없었고 하루에 딱 한 번 영월 가는 차가 있었는데, 그걸 타려고 우리 남편이 축 늘어진 동생을 업고 먼 길을 죽을힘을 다해 걸어갔다. 옆에서 지켜보는 것도 너무 힘들 정도였다.

그곳에 가서 한 2-3일 지나니 정신이 조금 들기는 했는데 제정신이 아니고 계속 헛소리를 했다. 이러다가 사람 하나 버리는 줄 알았다. 병원에서는 나무에서 떨어질 때 머리를 많이 부딪혀 뇌가 문제가 생긴 거면 정신 이상이 될 수도 있다고 했다. 그렇잖아도 여동생이 정신 이상이 되어 우리가 다 신앙생활을 하게 되었는데, 또 그런 일이 생기면 어떻게 하나 정말 많은 기도를 했다. 아버지 어머니는 농사일 때문에 병원에 자주 오지 못하셨고, 내가 아기 하나 데리고 한 2주 정도를 병원에서 간병했다. 우리도 농사를 지어야 했지만 시어머니와 신랑이 이해를 해주어 매일 기도하면서 열심히 보살폈다.

3일째 되는 날은 헛소리를 많이 하더니 차차 차도가 있고 좋아지기 시작했다. 나는 그때 어디를 가도 전도하느라 여념이 없었다. 밤에 병실은 빼고 건물 안팎에서 전도를 계속했다. 부끄러움도 몰랐다. 간호사들, 심지어 의사 두 명이 모인 데서도 전도를 했다. 지금 같으면 부끄러워서 못했을 텐데 용문산 기도원 갔다 오는 기차 안에서 한 것처럼 그때는 입만 열면 나도 모르게 무슨 말이 그렇게 나오는지 그분들도 나를 그만하라 말리지 못했다. 그 전도로 누군가는 하나님을 믿게 됐을지도 모를 일이다.

내 동생이 거의 완치되어 퇴원하던 날 아침, 원장님이 큰 주사기로 동생의 뒷머리에서 검은 피를 하나 가득 빼내었다. 떨어지면서 돌에 부딪힌 데가 만져 보면 홍시 감처럼 말랑말랑 했는데 거기에 죽은피가 잔뜩 고여 있었다. 그 사고로 동생의 뒷머리는 지금도 쑥 들어가 있다. 울산 번영로교회에서 시무하는 권규훈 목사. 주의 사역 시키시려고 하나님께서 살려주셨나 보다. 집안에 큰일이나 어려운 문제가 생기면 다 도맡아 하는 착한 우리 동생은 하나님이 기뻐하는 종으로 살아가고 있다.

친정과 한마을에 살다 보니 우리 남편도 처갓집 일이라면 아들 대신 도맡아 했고, 나도 9남매에 맏딸이다 보니 친정과 관련된 모든 일에 관여를 했다. 그렇게 할 수 있는 것도 새로 들어오신 시어머니께서 심성이 착하셨기 때문이었다. 시어머니는 음식 솜씨가 아주 좋아 별명이 '면장'이었다. 체격도 좋으시고 인물도 좋으셨다. 많이 배우고 똑똑해서 면장님이 아니고 음식을 잘해서 '밥 면장'이었다. 체격이 있다 보니 다리가 많이 아프고 들일을 하지 못해서 결혼해서 한 2년 후부터는 밭일을 다 내가 했다. 아침에 밭에 갈 때 흑콩죽이 먹고 싶다든지 부침개가 먹고 싶다든지 하면 점심이나 저녁 때 그 음식을 만들어 주셨다. 당신 친아들이 있었지만 내 기억에는 세 밤 정도 자기 아들 집에 머무르시고 평생을 우리와 살았다. 시어머니는 나를 그렇게 좋아하셨다. 우리 남편이 믿기 전 술을 많이 먹고 집안일도 안 하고 어머니께 밀주 술 좀 해달라고 조르면, 내가 술 빚지 말라고 해도 어머니는 밀주 술을 아주 맛있게 잘 만드셨다. 그러면 남편은 그 술이 다 없어지기 전에는 농사일도 하지 않고 부엌에 술을 질그릇 옥동이에 걸어 놓고는 실컷 퍼먹고 취해 자다가 화장실 갔다 와서 또 부엌에 가 술 몇 사발 퍼마시고 매일 밥도 먹지 않고 일주일을 그렇게 지냈다. 그러면 어머니하고 나하고 한편이 되어 저런 사람을 누가 아들이라고 낳아서 미역국을 먹었냐고 같이 흉을 보곤 했다. 만일 친어머니였다면 아무리 속상해도 며느리와 그런 말을 하기는 힘들었을 것이다. 동네 사람들이 이런 우리를 보고 의좋은 고부간이라고 부러워했다.

고향을 떠나다

경기도 평택에 바다를 메워 논을 만든 수몰지구, 즉 옥천 청주 수몰지구가 생기기 전 원주민들의 땅이 있었다. 자기네는 보상을 많이 받았으니 바다를 막은 소금 땅에 곡식 농사도 안 된다면서 명의를 파는 사람들이 있었다. 그래서 우리도 그 명의를 하나 사서 경기도 평택으로 이사를 가게 되었다. 논의 평수는 3천 평인데 명의를 사는 데 그때 돈으로 20만 원이 들었다. 우리 동네에서 세 집이 그런 땅을 사서 경기도 평택군 포승면 홍원리, 또 다른 집은 일부 원정리에 한 해 동안 농사를 지으러 갔다.

가서 농사를 짓는데 바다 막은 간척지라 농사가 잘 되지 않았다. 우리도 땅을 다 팔지는 않고 밭 한자리를 팔아서 그때 교회가 흙벽돌 교회라 새로 건축을 하게 되어 그때 돈 30만 원을 헌금하고 시어머니와 아이들 둘은 집에 두고 셋째 하나만 데리고 평택에 가서 농사를 지었다. 나는 평택과 충청도를 왔다 갔다 하며 3천 평을 농사해서 가을에 벼를 다 도정했다. 겨우 쌀 여덟 가마밖에 안되었다.

겨울이 되어 충청도로 다시 돌아왔는데 교회에 건축헌금은 했지만 교회를 내어 주려니 재정이 부족하고 직접 지으려니 주도해서 지을 사람이 없는 상황이었다. 교회에서 우리 이사 간다고 난리가 나고 친정 동네 친척들도 서운하다며 야단이 났다. 하는 수 없이 평택에 논은 그냥 두고 고향에서 교회를 짓기 시작했다. 우리 남편과 또 다른 집사님과 전도사님 남자 몇 분이 설득해서 인천에 가서 합판 목재 사고 시멘트 공장에 가서 시멘트를 주문하여 싸게 하고 벽돌을 찍어서 1년 내 농사도 접어두고 매일매일 교회당만 지었다. 우리 남편은 교회 짓고 나는 가서 밥 해주고 둘 다 집에 있을 시간이 없었다.

그 와중에 큰딸이 4살 쯤 되었을 때였던가. 옛날 과자 중에 라면땅이라고 얇은 비닐봉지에 들어 있는 라면 같은 과자가 있었다. 내 육촌 동생 딸 선미라는 아이하고 대문 있는 데서 소꿉장난을 하고 놀다가 그 과자 봉지를 코 안 깊숙이 집어넣었다고 한다. 한 달 두 달 지나다 보니 아이가 밤에 코가 막혀 잠도 자지 못하고 숨도 제대로 쉬지 못했다. 그래서 강원도 영월에 있는 큰 약국에서 축농증 약을 한 달 치 지어 먹이기도 했는데 차도가 없었다.

하루는 딸이 나보고 코에 비닐봉지를 집어넣었다고 말했다. 그런데 나는 "이놈의 계집애야, 말이 되는 소리를 해라" 하면서 곧이곧대로 듣지 않았다. 지금 생각하면 너무 미안하다. 좀 들여다보기라도 했으면 그렇게 고생을 안 했을 텐데. 내가 어이없다는 듯 소리를 지르니 아이가 겁이 나서 그때부터 아무 말도 못하고 그냥 지나갔다.

그 이듬해 교회도 다 지어놓고 땅도 다 정리해서 완전히 이사를 하게 되었다. 간척지 논 때문에 거기는 매일 이사 오는 집이 많았다. 봄에 이사를 해서 매일 논에 나가 논도 판판하게 고르고 할 일이 너무 많았다. 여기 교회 있을 때는 내가 일등 집사고 우리 신랑은 연수가 얼마 되지 않지만 일꾼이 없어서 집사로 세움 받았는데, 평택으로 이사해서 술 담배 다 끊고 얼마나 성실하게 교회에 잘 나가는지 오히려 신랑이 일등 집사가 되었다. 한 해 먼저 가서 살 때도 한 번도 빠지지 않고 교회 출석하면서 교회에 손볼 일 있으면 봉사도 하고 성실한 일꾼이 되었다.

우리 딸 코는 날로 심해졌다. 코에서 누런 물도 나오고 콧등 위로 불그스름하게 조금 부어올랐다. 우리 남편이 한날 기도하는데 딸을 위해 기도하던 중 방언기도로 계속 "빼! 빼!" 소리만 나오더라고 했다. 그게 무슨 말일까 생각을 해도 이해가 안 갔다고 한다. 그래서 평택 병원에 딸을 데려가서 의사에게 보이니 의사가 딸에게 왜 이렇게 되었냐고 물었다. 딸은 1년 전에 과자 봉지를 코에 넣었다고 말했다. 의사가 기계를 코에 넣어 무엇을 꺼내었는데 정말 옛날 라면땅 비닐종이였다고 한다. 의사는 살에 붙은 그 비닐을 집게로 꺼내 아빠에게 보이면서 에구에구 하면서 야단을 많이 쳤다고 한다. 염증 약을 주면서 며칠 후에 또 오라고 했는데 다시 가질 않고 그냥 지나갔다. 그래서 그런지 우리 딸은 지금도 비염이 잘 생긴다. 너무 미안하고 아이가 겪은 고통을 생각하면 마음이 아프다. 딸이 비닐 이야기를 했을 때 흘려듣고는 빼내란 기도소리에도 알아채지 못하다니 사람이란 참 미련하다.

02

하나님께서 주신 사명

God has given mission

평택에서의 신앙생활

충청도에서 아이를 셋을 낳고 평택으로 이사 가서 막내아들을 하나 더 낳아 슬하에 2남2녀가 되었다. 우리가 처음 이사할 때는 땅 명의를 20만 원에 샀는데 한 2년 지나고 보니 땅 3천 평 한 구좌에 3천만 원이 되었다. 이사 갈 때 1년 농사 비용과 용돈을 남겨두고도 서울에 있는 누나네 집에 3백만 원을 보관했다. 은행에 예금을 해놓아도 되고 땅 명의를 한 구좌 더 사도 되었지만 평택에 있는 땅이 차기도 하고 토질도 안 좋아 전라도, 충남 서산 삽교천 등으로 땅 구경만 다니고 농사는 농사대로 잘 되지 않았다. 다른 집은 땅을 1정, 2정 더 늘려서 한 5천 평이 되었다.

몇 년이 지나니 누나네 집에 맡겨 둔 돈까지 다 쓰고 오히려 빚만 몇 백을 더 지게 되었다. 하지만 신앙생활은 정말 잘하게 되었다. 나는 집사라도 별 볼 일 없는 평범한 집사였고, 우리 신랑은 교회 재정집사에다 동네에선 이장으로 동네일도 맡아 보았다. 교회에는 유대학 전도사님이 계셨는데 주중에는 서울 장신대에서 공부하고 주일에는 교회에 오셔서 예배 인도를 하셨다.

우리가 2년 전 평택에 갔을 때는 교인도 몇 분 안 되고 윤진열 전도사님이 서울 장신대 다니시며 주말에 교회에 내려와 사역하고 있었다. 동네 이름이 1지구부터 4지구까지 있었고 원 본부락이 자옥이라는 이름이 있는 동네까지 있었는데, 금요일에 평택에 내려오시면 한 집도 빼놓지 않고 전도를 다니셔서 그 전도사님이 오시면 동네 아줌마들이 장독대 뒤에도 숨고 방에 있으면 없는 척하고 문도 열어주지 않을 정도였다고 한다. 학교를 졸업하시고 전라도 어디로 사역지를 옮기셨는데, 이곳에서 얼마나 전도를 많이 다니셨는지 가신 다음 마루 밑에서 밑창에 구멍이 난 전도사님 구두 한 켤레가 나왔다고 한다. 그걸 보고 교회 사람들이 눈물을 흘렸다. 그때만 해도 거기는 논이 많은 곳이라 부엌에서 밥을 할 때 왕겨를 부엌에 괴어서 밥을 지었다. 그래서 전도사님 사모님께서 우리 이사 오면 그 왕겨를 주려고 산더미같이 사택 앞에 갖다 놓으셨다고 한다. 그런데 우리가 고향에서 교회 짓느라 1년 후에 가니 전도사님과 사모님이 벌써 이사를 가고 안 계셨다. 쌀 찧는 방앗간이 교회 옆에 있어서 왕겨를 그렇게 많이 퍼다 놓고 가셨다고, 우리가 이사 왔을 때 성도님들이 말해 주었다. 그런데 그분들을 그 뒤로 한 번도 뵌 적이 없어 생각하면 미안하고 감사하다.

유대학 전도사님이 부임해 오실 무렵에는 입주하는 사람들이 많아 매일매일 성도 수가 많아져서 급속도로 부흥이 되었다.

밤나무 집의 기쁨

평택으로 이사와 남편은 교회에 충성하기 시작하였고, 동네 이장으로 열심히 일하므로 동네에서나 교회에서 자리를 잡고 안정감을 찾기 시작하였다. 그때 여름철 학생회 수련회를 외부로 나가지 않고 본 교회에서 하기로 정하여 장년들도 수련회에 참석했다.

강사로는 대구에서 40일 금식을 마치고 목사 안수를 받은 동생 권주식 목사를 청하였는데, 첫 시간부터 은혜가 임하였다. 동생은 그때 34세 청년목사님이라 젊은 세대에 맞는 은혜의 말씀을 잘 증거하였다. 그때 밤나무 과수원을 관리하던 최연진 권찰이 딸만 둘을 낳아 아들을 낳기를 갈망하고 있었다. 아들 잘 낳게 하는 약을 지으러 평택 한의원에 간다는 소식을 전해들은 나는 그 약값을 하나님께 드리고 수련회에 참석해 은혜를 받으라고 간곡히 권하였다. 최연진 권찰은 수련회에 참석하여 감사 봉투에 아들 낳기를 원한다는 기도제목을 썼는데, 강사 목사님이 이 정도 정성이면 하나님께서 축복하실 것이라며 설교를 마치고 통성기도 후 안수기도를 해주었다. 부흥회는 큰 은혜 가운데 마치게 되었다.

그 후 10개월이 지나 드디어 최연진 권찰의 배가 남산만 해졌다. 조산사를 불러 아기를 낳았는데, 남편도 아내 발목을 붙잡고 기도가 응답되길 간절히 기다렸다. 그런데 그 기다림이 허망하게도 딸이 나온 게 아닌가! 최 권찰이 물으니 남편은 힘없는 목소리로 "딸이다"라고 말했다. 그런데 잠시 후 또 진통이 오더니 한 명의 아기가 더 나왔다. 그렇게 기다리던 아들이었다! 할렐루야! 최 권찰은 자신은 믿음이 적으나 하나님께서 그 젊은 목사님의 애타는 기도를 받으시고 아들을 허락하신 모양이라고 하였다.

아들 기성이를 낳은 지 10년이 지난 1993년. 다시 동생 권 목사를 모시고 교회 부흥회를 할 때 기성이 아빠, 엄마, 누나들까지 모두 6명이 참석해 큰 은혜를 받았다. 예배 후 하나님의 응답이자 선물인 기성이는 특별 안수기도 축복까지 받았으니 교회와 온 동네에 기쁨이 넘쳐났다. ✎

감람산 기도원에 가다

이사 간 지 1년이 지나 여름방학 때쯤, 서울 삼각산에 있는 오원욱 원장님이 하시는 감람산 기도원에 가게 되었다. 나는 막내아들을 업고 한현숙 집사, 유창희 집사와 함께 쌀과 반찬을 가지고 서울 삼각산 밑에까지 가서 어느 기도원을 갈까 고민하고 있었다. 그때 감람산 기도원에서 신현균 목사님을 강사로 초빙해 부흥집회를 한다는 포스터를 보았다. 그래서 그곳에 가기로 결정했다.

기도원에 올라가니 옆으로 큰 별장들이 드문드문 있고 기도원도 그렇게 크진 않았다. 사람들이 꽤 많이 모여서 앉을 자리가 별로 없었다. 얼마나 좁은지 한 번 앉으면 무릎을 폈다 오므렸다 하지도 못할 정도였는데 문까지 꼭 닫아놓아 덥기가 이루 말할 수 없었다. 문을 열어놓으면 기도소리, 찬송소리가 크게 들려 밑에 별장 사람들이 민원을 넣어 집회를 못한다 했다. 그때만 해도 에어컨도 없고 선풍기 몇 대로 예배를 드렸는데 아기를 데리고 간 사람은 그 많은 사람 중에 나 하나밖에 없었다. 그런데 하나님 은혜로 아기가 예배 시간에 한 번도 운 적이 없었다. 두 시간이 넘는 저녁예배 시간에도 아기는 머리가 흠뻑 젖도록 땀을 흘리면서 잠만 잤다. 그래서 모든 사람들이 나보고 얼마나 믿음이 좋으면 아기가 울지도 않고 그렇게 잠만 자느냐며 대한 수도원 원장님이 생각난다고 했다. 나는 대한 수도원을 가본 적도 없고 원장님을 뵌 적도 없었지만, 그분도 옛날에 수도원 하기 전에 아기를 업고 기도원 다니며 은혜를 받았다고 했다.

예배 시간 마치면 한현숙 집사님은 거기에 큰 소나무도 참나무도 많은데 꼭 소나무 꼭대기에 올라가서 마른가지 삭다리를 따서 냄비에 불을 때어 밥을 지었다. 셋이서 참 맛있게 먹었다. 나중에 감람산 기도원을 한 번 더 갔는데 오원욱 원장님은 돌아가시고 사모님만 계셨다. 원장님께서는 변호사를 하시다가 예수님을 만나셨다고 했다. 처음에는 믿음도 없고 진리도 잘 모르고 해서 고스톱을 할 때도 돈을 많이 잃게 되면 하나님에게 돈 좀 따게 해달라고 기도하셨다고 했다. 무엇이든지 구하면 다 이루어 주시는 하나님인줄 알고 그렇게 하다가 나중에 진리를 깨닫고 많은 회개기도를 하셨다 했다. 사모님은 원장님이 예수님 영접하신 것도 모르고 완전히 정신이 돈 줄 알고 손가락을 펴 보이며 이게 몇 개로 보이냐고 원망과 불평을 하셨다고 했다. 나중에 갔을 때는 피종진 목사님께서 미국에 오래 계시다가 한국에 나오셔서 집회를 인도하셨다. 우리는 기도원에서 은혜를 받고 교회 와서 기도도 많이 하고 전도하면서 열심히 살아갔다.

굿판을 뒤엎은 책망의 기도

그 이듬해 음력인지 양력인지는 잘 모르겠지만 4월의 어느 주일, 새벽기도를 가서 전도사님 새벽설교를 들었다. 새벽예배 나올 사람은 전도사님, 사모님, 교회 옆에 사는 권희순 집사님, 나 이렇게밖에 없었다. 전도사님이 설교 말씀을 하시는데 아기 우는 소리가 내 귀에 들렸다. 내 입에서 "사모님, 아기 울어요"라는 말이 자동으로 나왔다. 조금 후, 사택에서 아기 우는 소리가 또 내 귀에 크게 들렸다. 나는 아기가 운다며 이야기를 했다. 자꾸 그러다 보니 예배가 뚝뚝 끊기며 영 어수선한 분위기가 되었다. 그때는 사모님께서 아기를 하나 낳아서 사택에 재워놓고 또 둘째 임신을 해서 예정일을 한 달 정도 남긴 시점이었다. 내가 아기 운다는 말을 할 때마다 사모님은 못마땅한 눈길로 쳐다보며 헛기침을 하셨다. 두 번이나 그러니 옆에 있던 권희순 집사님이 "사모님, 아기 운대요. 들어가 보세요" 했다. 전도사님도 약간 웃으시며 말씀을 빨리 마치셨다. 그래서 사모님께서 만삭의 무거운 몸을 억지로 일으켜 사택에 들어갔는데 아기가 안 울어서 그냥 다시 교회에 나오셨다.

예배를 마치고 기도시간이 되었다. 그런데 생각하면 생각할수록 전도사님과 사모님에게 부끄럽기 짝이 없었다. 그렇게 회개기도를 하는데 내 눈앞에 환상이 보였다. 어떤 할머니가 등을 내게로 보인 채 돌아앉아 있는데 공중에서 하얀 스텐 칼이 내려오더니 그 할머니 등을 반으로 가르는 것이었다. 그래서 나는 "사탄아, 물러가라" 하고 한참 기도를 하다가 주일날이라 아침도 해 먹고 식구들과 함께 다시 교회로 와야 해서 집으로 돌아왔다.

그날 주일에 예배를 잘 마치고 오후 5시가 되었는데 3지구에 있는 이옥순 집사님이 교회에 나오셨다. 그때 서울의 한 회사에서 과장으로 일하시다가 논을 많이 사서 이사를 와 농사하는 집이 있었는데 그 부인이 집사님이었다. 시어머니도 신앙은 없었지만 주일날이면 꼭 교회에 나오셨다. 그 집사님 시어머니가 오후 5시에 중풍을 맞았다고 했다. 교회에서 가서 예배도 드리고 병원도 가셨지만 5일 만에 세상을 떠나셨다. 금요일에 돌아가셨고 3일장을 했으니 주일날 장례식을 치르게 되었다.

아들들이 다 믿지 않으니 교회장은 못하고 사회 장례식을 했다. 교회에선 주일예배를 마치고 전도사님과 남자 집사 몇 분하고 공동묘지 장지에 다녀오셨다. 주일 밤 예배를 마치고 그때 4월 첫 주 제직회가 있어 제직회를 마치고 집으로 가게 되었다. 평택만 해도 해변가라 갑자기 사람이 돌아가시면 후환이나 귀신이 무섭다고 혼을 걷어내는 굿을 했다. 우리 동네에 돌아가신 할머니의 큰아들네가 살고 있었는데 큰아들 집에 유명한 무당들이 와서 굿을 했다. 그래서 며느리인 이옥순 집사님도 거기 가 있었고 우리 시어머니는 우리 교회에 나오시던 할머닌데 다들 구경 가자고 했다. 집사들은 제직회 하느라 못 갔지만 평신도 성도들은 거의 다 구경을 갔다.

그 집은 우리 집을 지나서 더 밑에 길가에 있었다. 나는 구경 안 하고 그냥 집으로 돌아가려고 했는데 다른 집사님들이 우리 집에서 가까우니 같이 가자고 졸랐다. 그래서 나도 그 집사님들과 굿 구경을 갔다. 가보니 무당들이 죽을힘만 들이고 굿이 전혀 안 되고 있었다. 구경 하던 동네 사람들 중에는 벽에 기대앉아 자는 사람, 장롱에 기대어 조는 사람도 많았다. 그 집 며느리 집사님도 그 앞에 앉아 있었다. 믿는 사람들이 많아서인지 굿이 안 되니 무당이 하는 말이 "산신령이고 하나님이고 간에 제발 신이시여, 좀 내려주십시오!" 하고 애원을 했다. 오늘 개망신 당하게 생겼다며 하소연을 했다. 그러기를 한 시간이 지났을까. 정말 무당이 든 신장대가 흔들리기 시작했다.

나는 집에 가려고 쌍달이문이 있는 그 문턱에 우리 아기를 업고 한 손에 손전등을 들고 서 있었는데 갑자기 가슴이 뜨거워지더니 내 입에서 방언이 터져 나오려고 했다. 나는 있는 힘을 다해 하나님께 장거리 전화 기도를 했다. '하나님 보시다시피 이렇게 사람도 많고 굿하는 집에서 제가 방언을 하면 정말 개망신입니다. 그럼 우리 신랑은 동네 이장도 못합니다.' 그렇게 하나님의 성령과 싸움을 하고 있는데 굿대는 막을 내리고 있었다.

내가 순종을 안 하고 계속 기도만 하니 가슴이 터질 것 같고 얼굴이 빨개지고 이상해졌다. 그 집사님 남편인 조 과장님이 내 옆에 서 있었고 그 집 작은아들도 옆에 있었는데 나는 거의 쓰러지기 직전이 되었다. 그래서 망신을 당해도 순종을 해야겠다고 결심했다. 안 하면 아기를 업고 뒤로 넘어져서 더 큰일이 날 것 같았다. 그러고는 입을 열었더니 방언이 얼마나 벼락 치는 소리처럼 크게 나오는지 잠든 사람들, 졸던 사람들이 깜짝 놀라 일어났다. 여기저기서 연달아 웅성거리는 소리가 들렸다. 방언이 한 마디 나오고 통역이 나오는데 지금은 자세하게는 기억나지 않지만 "이 가정을 만세전에 택하였고 내 딸을 내가 때가 되어 데려갔는데 어찌하여 하나님을 거역하느냐" 그런 내용이었다.

아기는 밑으로 다 내려가 매달리다시피 업혀 있고 나는 절제가 안 되어 책망의 기도를 한참 했다. 물 끼얹은 듯 조용하더니 제일 먼저 무당이 "하나님 감사합니다. 어차피 굿도 안 되는데 하나님의 신이라도 내려주시니 감사합니다" 했다. 그러자 그 집 큰아들과 막내딸이 나를 막 끌어내면서 "이게 얼마짜리 굿인지 알고나 그러느냐!" 소리치며 나보고 미쳤다고 가라고 했다. 그래서 또 경고의 말을 몇 마디 하고는 마당을 빠져나오는데 창틀 너머로 사람들이 동물원 원숭이 구경하듯 나를 내려다보고 있었다.

마당을 나오는데 하나님의 성령이 얼마나 기뻐하시는지 내 입에서 웃음이 쉬지 않고 나왔다. 집에 오면서도 계속 하나님과 대화하면서 "하나님, 망신을 당하긴 했지만 제가 순종하길 잘한 건가요?" 하고 말했다. 집에 오니 우리 남편이 아직 깨어 있었다. 그래서 방금 있었던 일을 이야기하니 "나 동네 이장은 다 했네. 이제 당신이 이장 해"라고 했다.

그러고 조금 있으니 3지구에 있는 윤영숙, 이희순, 자옥에 있는 박상복 집사님이 우리 마루문을 막 두드렸다. 나가 보니 너무 좋아하면서 "집사님, 너무너무 잘했어. 그 집 큰며느리 미란엄마가 굿상 다 엎어 버리면서, 동네 희주엄마는 그렇게 잘하는데 당신들은 밤새도록 해도 이게 뭐냐"고 화를 내는 것을 보고 오는 길이라고 했다. 그런데 그 이튿날 들으니 그 집 며느리 이옥순 집사님도 집에 가고 우리 집사님들도 다 가고 난 다음, 믿는 사람들이 싹 빠졌을 때 큰며느리한테 시어머니의 혼이 들어갔다고 하면서 밝을 때까지 굿을 했다 한다.

교회 전도사님 사모님도 3일이 안 가서 아들을 낳았다. 정말 하나님께서는 하고많은 사람 중에 하필이면 나를 왜 그렇게 망신스럽게 만드셨는지 모르겠다. 그 일로 나는 동네 사람들에게 아주 미친 사람, 푼수, 실없는 사람이 되어 버렸다. 그 칼이 어떤 할머니 등을 가르는 것을 보여주시더니 반을 못 쓰는 중풍으로 할머니를 데려가셨다.

　그 후 조 과장님은 아내 이옥순 집사님을 교회에 못 나가게 했다. 계속 나가다 보면 2지구 이장 마누라처럼 된다고 하면서 주일예배고 수요예배고 다 못 나가게 했다고 한다. 주일날 아침 못자리를 하려고 사람을 몇 사람 얻어 놓았는데 아침을 먹고 나니 이옥순 집사님이 방에다 토를 하고 쓰러졌다고 한다. 그제야 조 과장님은 "당신 오늘 교회에 가서 종일 있다가 밤 예배까지 드리고 오라"고 교회 가는 걸 허락했다. 점심밥은 2지구 형수님께 부탁한다고 했다.

　우리가 사는 동네는 2지구였고, 이옥순 집사님네는 3지구였다. 교회를 가려면 양쪽에서 만나 같은 길로 교회를 가게 된다. 시간에 맞춰 교회에 가려고 길을 나섰는데 하필이면 저쪽에서 이옥순 집사님이 오고 있었다. 나는 어떻게 인사를 해야 하나 순간 걱정이 되었다. 그런데 집사님이 나를 보자마자 "집사님 할렐루야" 하면서 먼저 반갑게 맞아주었다. 그래서 "집사님 너무 미안해요" 했더니 자초지종을 말씀해 주셨다. 그래서 함께 교회에 가서 예배드리고 아침에 하나님께서 역사하셨던 얘기를 나누면서 다시금 하나님의 은혜와 역사하심을 체험하게 되었다.

장로로 세워진 남편

우리가 다니던 경기도 평택군 포승면 홍원리 홍광교회는 서울에 있는 평광교회 남전도회에서 개척한 교회였다. 홍원리의 '홍' 자와 평광교회의 '광' 자를 따서 홍광교회라고 지었다. 교회에 특별헌금을 해서 교회와 그 옆에 있는 3백 평쯤 되는 밭을 샀는데 그때 유대학 전도사님께서 제일 많이 헌금을 하셔서 밭을 사게 되었다. 나중에 그 밭에다가 교육관이나 교회를 다시 증축하려고 했는데 그 당시에 우리는 증축 대신 그 밭을 경작하기로 결정했다.

전도사님이 오신 지 한 2년쯤 되었을 무렵, 가을에 부흥회를 계획하고 온 성도들이 마을마다 다니면서 전도를 열심히 해서 부흥회를 열었다. 강사 목사님은 서울에 계시는 우재돈 목사님이었다. 낮 예배 시간에 우 목사님은 우리 전도사님을 보시고 과일로 치면 보암직도 하고 먹음직도 하다고 하시면서 침을 꿀꺽꿀꺽 삼키셨다. 전도사님이 인물도 미남이고 설교도 잘하고 정말 좋았기 때문이다.

부흥회를 할 때는 교회 부흥을 위해서 했는데, 강사 목사님은 부흥회 마치고 얼마 안 되어서 우리 전도사님을 자기네 교회로 데리고 가셨다. 물론 우리 교회 같은 조그만 농촌 교회보다는 서울의 큰 교회에 가시는 게 전도사님 입장에서 좋기는 하겠지만, 강사 목사님이 부흥회 인도하러 오셨다가 주의 종 전도사님을 빼갔다고 불만이 많았고 우리 전도사님에게도 미운 마음이 생겼다.

유대학 전도사님은 결국 그 교회로 가셨고, 강원도 영월 연하리에 있는 교회에서 시무하시던 연세 많으신 김동규 목사님을 모시게 되었다. 목사님이 오시니 다시 교회도 안정되고 날로 부흥했다. 목사님은 길에서 누구를 만나든지 인사를 잘 하셔서 마을에 좋은 목사님이 오셨다고 소문이 났다. 목사님 연세는 우리 친정아버지보다 한 살이 적으셨고 사모님은 우리 어머니보다 한 살 위였다. 우리 부모님 연배의 분들이라 모시기가 편하고 좋았다.

목사님께서 부임해 오셨는데 장로님들이 안 계시니 당회 구성이 안 되었다. 목사님이 오시고 2년 후에 장로님을 두 분 세우기로 교회서 결정하게 되었다. 그때만 해도 우리 교회는 안수집사님이 안 계셔서 서리집사님 중에서 결의를 하게 되었다. 경상북도 안동에서 이사 오신 김석호 장로님이란 분이 계셨다. 또 연세가 좀 많으신 경기도 김포에서 오신 어수홍 집사님이 계셨다. 그 집사님은 총각 때 집사 임명을 받으시고 신앙에 연조도 있고 믿음도 있으신 분이었다. 김석호 집사님과 어수홍 집사님을 장로로 세우자고 목사님께서 말씀하시자 어수홍 집사님은 끝까지 고사를 하셨다. 그래서 우리 남편인 나승일 집사님을 대신 장로로 세우기로 결정이 났다. 평택 홍광교회에 간 지 4년밖에 안 되었고, 서리집사 된 지도 6-7년밖에 안 된 시점이었다. 우리 남편은 충북 단양 고향교회를 나오기 전에도 교회 나오라고 전도를 하면 "남들은 일찍 믿어 목사도 되고 집사 장로 다 되었는데 나는 지금 나가서 언제 집사 장로 하냐"는 말을 곧잘 했다. 그래서 그런지 나중 된 자가 먼저 된다는 성경말씀처럼 우리 남편은 장로 하라고 하니 별 사양 없이 순종하여 받아들였다. 나이는 어 집사님보다 우리 남편이 여섯 살 정도 위였지만 신앙으로는 우리 남편이 완전 후배였다. 그렇지만 우리 집사님은 홍광교회 가서는 누구보다도 신앙생활 열심히 하고 교회 재정도 보고 새벽예배 한 번 안 빠지고 교회 보일러라든가 교회 주위에 풀이라든가 모든 일을 교회 사찰처럼 도맡아했다. 틈만 나면 나 역시 교회 가서 살 정도로 그 교회가 그렇게 좋았다.

노회가 열려 장로시험을 치렀다. 두 분의 집사님이 노회에 가서 시험을 치셨는데 70점 이상이 되어야 합격할 수 있었다. 우리 남편은 70점이 조금 넘어서 한 번에 되었는데 연세 있으신 장로님은 처음에 잘 안 되어서 장로님을 안 하시겠다고 하셨다. 장로 한 분만 세우면 당회도 짝 당회가 되고 주일 날 기도도 한 분만 해야 하니 목사님께서 설득을 하셔서 시험을 몇 번 보시도록 했다. 나중에 그 장로님까지 합격하여 장로님을 두 분 모두 세우게 되었다. 그때부터 우리 교회는 시찰회도 가고 노회에도 다 참석했고, 1년 후에는 우리 목사님이 시찰장도 하시고 교회가 부흥도 잘되고 바로 서 가게 되었다.

평택 안성 안양 수원 시흥까지 얼마나 교회가 많은지 몇 년 후에는 경기노회가 나뉘게 되었다. 나뉘기 전에는 큰 교회 대형버스 3대씩 당회 부부동반으로 3년 동안 여름마다 수련회를 다녔다. 친교도 되고 목사님들이 돌아가면서 하시는 말씀도 듣고, 그때 그 시절이 참 행복하고 은혜로웠다.

경기노회 장로회는 은혜롭게 세미나도 하고 하루 여행도 하며 좋았다. 한번은 숙소를 정하지 않고 대신 텐트를 가지고 갔다. 제일 처음에는 동해바다 포항 해수욕장부터 시작했다. 오후에 도착해서는 각자 부부가 텐트 치느라 집집마다 정신이 없었다. 텐트는 각자 치고 자기네 교회끼리 밥을 같이 해서 먹었다. 1982-1983년도 무렵의 추억이니, 지금은 고인이 된 분들도 많다.

안양제일교회 설삼용 목사님, 수원서둔교회 임경학 목사님, 평택동산교회 감갑덕 목사님 등 수십 교회가 모여서 친교도 하고 그 이듬해에는 강릉 관동대학교로 숙소를 정해 2박3일 동안 수련회를 했다. 관동대학교 교수님의 말씀도 너무 좋았다. 우리 큰딸은 일곱 살 때쯤 "엄마는 장로님하고 결혼해서 좋겠다. 나도 나중에 장로하고 결혼해야지"라고 말했다. 내가 "목사님들은 장로보다도 더 많이 다니고 은혜도 되고 좋다" 했더니 "그럼 목사님한테 시집가야지" 했다. 엄마아빠 따라서 집회, 수련회 많이 다니던 딸의 눈에 이런 생활이 좋아 보였나 보다. 딸은 나중에 목사님하고 결혼하지는 못하고 평범한 교인과 결혼을 해서 지금은 삼일교회 부부집사다. 이후 노회가 갈라지면서 뿔뿔이 흩어지고 나니 노회도 약해지고 이렇게 은혜 받으며 함께했던 시간이 다 과거의 추억이 되어 버렸다.

나를 통한 성령의 역사

교회 밭에서 농사를 짓다 보니 봄이 시작되면 나는 늘 밭에 가서 밭농사 일을 했다. 우리 남편은 자전거를 타고 주로 논에 가서 일을 했고, 나는 밭의 풀을 맸다. 교회가 바로 밭 옆에 있었는데 한참 일을 하다 보면 목사님 사모님께서 "집사님, 여기 음달에 나와서 좀 쉬었다 하세요" 하셨다. 계속 일을 하다가 잠깐 쉬러 나와 사모님하고 몇 마디 나누고 있으면, 꼭 그때 우리 남편이 와서는 "일하러 와서 일은 안 하고 앉아 놀기만 하느냐"며 핀잔을 주었다. 사모님께서 지금껏 일하다 방금 쉬러 나온 거라고 대신 말씀해 주시곤 했다.

그렇게 농사를 하고 살면서도 목사님께서 어느 집에 심방 가자고 하면 단 한 번도 바빠서 못 간다고 한 적이 없었다. 환자 집이나 어느 곳에 심방을 가셔도 목사님과 사모님 두 분만 가신 적이 없었다. 3지구에 사는 이옥순 집사님네 아들이 두 형젠데 큰아들은 한양대학에 들어가 다니고 있었고, 작은아들이 고3이었다. 그런데 고3 졸업을 앞두고 야구를 하다가 야구공에 머리를 맞아 쓰러지더니 병원 치료를 받아도 자꾸 쓰러지기를 반복하고 정신도 멍하고 머리도 어지럽고 마음먹은 대학에 들어갈 수 있을지 힘들어했다. 목사님이 심방도 많이 가고 기도도 많이 해주셨고, 이옥순 집사님도 간절히 기도를 많이 하셨다. 기도를 하면 하나님께서 주의 종으로 쓰시겠다고 신학을 하라고 하신다고 말하면서도 끝까지 아들을 신학대에는 안 보내겠다고 했다. 주의 종들은 고생만 죽도록 하고 생활도 윤택하지 않다며 귀한 아들을 주의 종을 시킬 수는 없다고 했다. 윤진열 전도사님이 구두 밑창에 구멍이 나도록 고생하시는 것을 보았기 때문에 더더욱 못 보내겠다고 했다.

한 번은 목사님 사모님하고 둘이서 심방을 갔는데 이옥순 집사님이 샤워하러 목욕탕에 막 들어간 후였다. 그 집은 부자라 조카딸이 집안일을 도와주고 있었다. 조카딸이 우리를 안내해 주어 집사님이 씻고 나오길 기다렸는데, 3시간 동안을 샤워실에서 나오질 않았다. 우리도 집에 가야 하는데 오후 2시쯤에 들어가서 5시가 되어서야 밖으로 나왔다. 참 분위기가 썰렁하고 이상했지만 끝까지 앉아 있었다. 이옥순 집사님은 그렇게 오래 있다가 나와서 무슨 마음에서인지 냉장고에서 과일과 여러 가지 음식을 꺼내 푸짐하게 대접했다.

그때만 해도 은혜가 풍성하고 입만 열면 하나님께서 역사하셔서 기도가 술술 잘되던 때였다. 사모님께서 나에게 기도를 하라고 하셔서 기도를 하는데, 성령께서 역사하셔서 기도 중에 그 집사님의 강퍅한 마음이 다 녹아지도록 성령께서 역사하셨다. 그 집 시어머니 돌아가셨을 때 굿집에 가서 개망신을 톡톡히 당했던 그 집의 아들인데 그 시간에 또 성령께서 역사하셨다. 그래서 그 집사님이 아들 신학대학 보내서 주의 종으로 바치겠다고 결심하고, 그다음 수요예배 마치고 온 교회 성도들과 목사님을 초대해서 예배를 드리고 음식도 잔칫집처럼 준비해서 먹고 하나님께 영광을 돌렸다.

그 아들은 결국 신대원 가서 공부해서 목사가 되었고 군 목회를 했다. 주일날이면 군부대 세 교회를 다니며 예배 인도 한다고 했다. 큰아들도 한양대학 나와서 좋은 회사에 취직해 직장생활 잘한다고 하더니, 큰아들도 사명 받고 신대원을 다시 가서 공부 마치고 목사님 되어서 청주 어디에서 목회를 한다는 소식을 들었다. 하나님께서 나 같은 사람을 들어서 이 가정을 만세전에 택한 가정이라고 말씀하시며 경고하시고 예언하게 하시더니 결국 이 가정의 아들들을 다 주의 종으로 삼으신 것이다.

그런데 교회서나 어디서나 내가 왜 그날 밤 그렇게 굿집에서 미친 사람처럼 방언을 하게 되었는지 간증 한 번 못해 보고 얼마 안 가 충청도로 이사 오게 되었다. 처음에는 동네 사람도 나를 이상한 여자라고 생각해 말도 잘 걸지 않고 그 집 주인 아주머니도 한참 동안 말을 안 하시더니, "산 사람 편을 따라야지, 지나간 일인데 희주엄마 너무 미안해하지 말라"고 하셨다. 원래가 아주 착한 분이었다. 나는 그 일이 있은 후 몇 달 동안 죄인 아닌 죄인처럼 고개를 들고 다닐 수가 없었다. 교회 옆에 원래 있던 안동네 자옥이란 동네가 있었다. 그 동네 아주머니들은 예수를 믿으려면 2지구 아줌마처럼 믿어야 한다고 하면서 나보고 "2지구 예쁜 아줌마"라고 불렀다. 굿집에 가서 그러는 건 하나님 영광 가리고 하나님 망신시키는 일이라고 하지만, 그렇게 강권적으로 역사하실 때는 사람이 어떻게 순종하지 않고 버틸 수 있겠는가. 나중에 우리 남편이 나보고 "그래도 당신이 나 대신 잘했다"고 그러면서 자기는 집으로 바로 와서 있는데도 성령께서 얼마나 역사하시는지 자기가 막 달려가서 깽판을 놓고 싶은 마음이 드는 걸 억지로 참고 있었다고 했다.

어르신들을 섬기다

교회가 농촌 교회다 보니 연세 드신 어르신들이 많았다. 원주민 동네에 이정자 선생님이라는 분이 있었다. 피아노 치는 교사셨는데 이 선생님네는 할아버지와 할머니, 아버지와 어머니가 다 부부 집사님이고 자녀도 5남매가 다 교회 나오는 집이었다. 1지구에 사는 유창희 집사님은 어수홍 집사님과 부부 집사님인데, 나는 항상 유창희 집사님과 기도를 같이 많이 했다. 이정자 선생님이 건강이 안 좋았을 때 이 선생님을 위해서도 같이 기도하고, 교회 문제가 있으면 함께 3일 금식도 하며 기도생활을 했다.

이정자 선생님 할아버님께서 우연히 시험이 들어 교회를 몇 달 쉬게 되었다. 그래서 하루는 날을 잡아서 일부러 얘기도 들어주고 무엇이 문제인가 알아볼 겸 우리 집과 다른 동네고 거리도 좀 멀었지만 밤에 유 집사님과 함께 방문을 했다. 딸이 없었던 할아버지는 나를 딸처럼 좋아하셨다. 이런저런 말씀을 듣다 보니 새벽 4시가 되었다. 말씀인즉 "목사님들은 참 대단하시다. 설교 말씀을 한 주에 한 번 하시는 것도 아니고 주일, 수요일, 새벽예배 1년

12개월을 어떻게 그렇게 하시는지 정말로 존경스럽다" 하셨다. 그러고 하시는 말씀이 "이렇게 살다가 죽으면 홀로 단독적으로 하나님 앞에 서야 하는데 다시 교회를 나가기는 나가야 된다"고 하셨다. 이 땅위에서는 누구하고 다투거나 무슨 일이 있으면 아들이나 식구들이 도와주지만 죽어서 하나님 앞에 가면 누구 하나 변호해 줄 사람 없이 혼자 감당해야 하는데 그것이 두렵다 했다.

노인에게는 얘기만 들어줘도 효도라고 했다. 좋은 말이든 나쁜 말이든 요사이 젊은이들은 노인 얘기는 들어줄 생각을 하지 않는다. 할아버님 말씀을 듣다 보니 새벽예배 시간이 되었다. 그때 농촌에서는 새벽 4시에 예배를 드렸다. 할아버님은 우리와 이야기를 나눈 그 주일부터 열심히 교회 다니시다가 몇 개월 후에 하나님의 부르심을 받았다.

나는 동생이 많고 자녀도 많아서 그런지 아이들은 너무 많이 겪어 안 좋아했지만 어르신들을 많이 좋아했다. 외로운 노인들이 감기가 들어 아프시면 감기약 하루치를 사가지고 가서 간절하게 기도해 드리고 온몸을 주물러 드렸다. 그러면 저절로 전도가 되어 교회에 나오시고 그렇게 해서 여러 분을 전도했다.

바로 우리 뒷집에도 할머니 한 분이 살고 계셨다. 그 할머니는 근력이 있으실 때는 혼자 우리 교회 나오셨다. 식구들은 안 다니고 혼자 교회에 오시던 할머니인데 당뇨가 심해서 건강이 너무 안 좋으셨다. 지금은 당뇨, 고혈압, 이런 병을 나라에서도 치료해 주지만 그때 그 할머니는 당뇨 약을 챙겨 드시지도 못했다. 물을 많이 드셨는데 집에서 건강상의 이유로 물을 자주 못 드시게 하니 우리 집에 와서 몰래 많이 드셨다.

그런데 하루는 그 집 며느리의 친정아버님이 돌아가셔서 며느리가 대전에 가게 되어 그날 우리 집에 오시게 되었다. 그 집과 우리 집 사이에는 담도 없고 부엌문만 열면 바로 연결되는 구조였다. 할머니가 우리 집에 물을 드시러 오셨는데 머리를 너무 긁어 대시길래 보았더니 할머니 머리에 서캐와 머릿니가 손을 댈 수 없을 정도로 많았다. 나쁜 마음으로 이런 말을 하는 것이 아니다. 옛날 그 시절에는 흔한 일이었고 또 사람이 죽을 때가 되면 몸이 뜨거워져 그렇게 된다고 들었다. 할머니의 머리 상태를 할머니 손녀딸 세 명이 모두 보았다. 그래서 내가 손녀딸들에게 양해를 구했다. 그 집 며느리가 알면 혹시나 기분 나쁠까 봐 "내가 머리를 빗겨서 잘 감겨 드릴 테니 엄마에게는 말씀드리지 말라"고 했다. 그렇잖아도 예수 별나게 믿는다고 찍힌 나이기 때문에 그렇게 부탁을 했고 손녀딸들도 그러겠노라고 약속했다. "아니면 너희들이 감겨 드리라"고 하니 자기네는 못한다고 했다. 손녀딸들이 그때 중학생과 초등학교 고학년이라 할머니 머리를 감겨 드릴 수는 있었을 텐데 못하겠다고 말했다. 그래서 내가 물을 한 솥 데워서 빗기고 감기고 해드렸더니 너무 개운하다고 하셨다.

며칠 후 할머니 며느리가 돌아왔는데 딸들한테 들었다면서 할머니의 비녀머리 긴 머리를 나보고 커트머리로 잘라 달라고 했다. 머리를 잘 자르지는 못하지만 고향 충청도에 있을 때부터 여동생 셋의 이발을 내가 도맡아 했다. 중학교 다니는 여동생의 단발머리를 내가 잘라 줬는데 아침 조회 시간에 교장 선생님이 내 동생더러 교단에 올라오라 해서 "이 학생 머리가 표준이니 이 기준으로 머리를 하라"고 했단다. 우리 아이들 네 명과 남편의 머리도 내가 손질해 주곤 했다. 그래서 뒷집 할머니 머리를 내가 이발해 주었다. 할머니는 무척 고마워했다. 그 할머니도 몇 개월을 못 사시고 하늘나라 가셨다. 이상하게 하나님께서는 어르신들을 내 손으로 봉사하게 하시고 얼마 안 가 하늘나라로 데려가셨다.

또 1지구에 연세 드신 권찰님이 계셨는데, 남편 영감님은 교회에 안 나오시고 서울에 있는 딸들과 아들들은 신앙생활을 했다. 권찰님은 전라도 전주에서 이사 오셨는데 인물도 좋으시고 노래도 잘 부르시는 멋쟁이 부인이었고, 남편 분은 좀 무뚝뚝하고 말이 없으셨다. 그러다 보니 부부 사이에 정이 좀 없이 사셨다.

영감님이 간경화가 와서 많이 아프셨는데 얼굴이 흑달이 되어 소생하기가 어려웠다. 목사님과 사모님, 교회 집사님들과 나는 심방도 많이 가고 1지구 유창희 집사님도 한동네 살아 수시로 와서 돌봐주고 기도해 주었지만, 하나님 앞에 갈 때가 되어 별 차도가 없었다.

내가 고향에 볼일이 있어 한 일주일 만에 집에 돌아와 그 권찰님 집을 방문했다. 그런데 그 사이 상태가 정말 많이 안 좋아지셨다. 아프니까 몸부림을 너무 쳐서 온 방을 돌아다니니 권찰님과 서울에 있는 자녀들이 보러 와도 방에 들어갈 수가 없었다 한다. 지금 같으면 요양시설에 모시면 되는데 지금으로부터 30년도 더 된 시절이라 사정이 그랬다.

그래서 식구들이 그 방에 들어가지 못하고 시멘트 돌덩이로 된 역기로 막아놓고 영감님을 한쪽에만 있게 했는데 권찰님도 고생이 말이 아니었다. 큰아들은 군에 갔고 작은아들은 중학생이었고 딸들은 잠깐 보러 왔다가 금방 돌아갔다. 권찰님은 겁이 많아 잘 들여다보지도 못하고 음식만 잠깐 먹이시곤 했다.

교회 사모님하고 내가 찾아갔는데 영감님 입속에 무슨 강엿 같은 것이 잇몸 사이로 가득 차 있었다. 그것 때문에 입이 다물어지지 않고 벌어져 있었다. 어떻게 된 일인지 물어봤더니 너무 몸부림을 치고 애를 써서 침하고 피 같은 것이 나와 한데 굳어서 딱딱하게 된 것이라고 했다. 나는 한참 묵상기도를 하고 나서 권찰님 보고 물을 뜨겁게 한 되만 데우고 깨끗한 가제수건을 달라고 했다. 뜨거운 물에 수건을 적시어 입에다 한참 넣어두니 입속에 굳은 것이 불어서 떨어지기 시작했다. 그렇게 여러 번 하고 나니 입속의 것이 다 나왔다. 그래서 혓바닥부터 이빨까지 입속을 깨끗하게 닦아 드렸다. 그러고 있는데 우리 사모님과 그 집 권찰님은 온 인상을 다 찌푸리고 자기네가 구역질을 하고 있었다. 나라고 속이 왜 거북하지 않겠는가. 계속 기도하면서 이를 물고 예수님 생각하면서 했다.

다 하고 나니 하나님도 기뻐하시고 그 권찰님도 너무 좋아하셨다. 씻기는 김에 세수하고 손발 다 씻겨 드렸더니 본인도 너무 좋아하시고 내 마음도 너무 홀가분하고 기뻤다. 마지막에 영감님 손을 꼭 잡고 비록 교회 나오지는 못하지만 천국 가게 해달라고 간절하게 기도해 드리고 집에 왔다. 사모님께서 내게 하시는 말씀이, 집사님은 특별한 은사가 있다고 하면서 당신은 목사님 사모님이라도 할 수 없다 하셨다.

그러고 난 뒤 그 영감님은 정신도 좀 나고 음식도 좀 드시고 하면서 권찰님에게 "그 집사님도 내 손을 꼭 잡아 주셨는데 부인도 내 손 좀 잡아 달라"고 하셨단다. 그러나 권찰님은 끝내 안 잡아 주었다고 했다. 며칠이 못 되어 다시 심방을 가서 기도해 드리고 유창희 집사님도 기도를 해드렸다. 그날 오후 늦게 영감님이 하나님께로 가셨다. 좋은 일기 가운데 교회 장례식을 하고 은혜 가운데 잘 마쳤다. 그런데 그 권찰님이 영감님 돌아가시고는 밤에 집에를 혼자 못 계시고 너무나 무서워하셨다. 막내아들이 중학교에 갔다가 돌아올 때까지 꼭 우리 집에 와 기다렸다가 밤에 아들이랑 함께 집에 가셨다. 버스에서 내려 100미터 오면 우리 집이고 우리 집에서 그 집에 가려면 10-15분 거리를 더 가야 한다. 거의 한 달 동안 매일같이 그렇게 했다.

한 번은 아들이 혼자 집에 가는 바람에 내가 권찰님을 집까지 데려다 드렸는데, 다시 볼일이 생각나 그 집으로 되돌아갔다. 문을 열자 그 권찰님이 얼마나 놀라는지 나도 같이 놀랐다. 어느 때는 시장에 같이 갔다가 버스를 타고 집에 오는 길에 자기 영감님 공동묘지 있는 데가 보이면 차안에서 벌떡 일어나 바라보곤 했다. 정말 노래 가사처럼 있을 때 잘해야지 돌아가신 뒤에 묘지만 하염없이 바라보고 안타까워하면 무슨 소용이 있겠는가. 우리 모두 후회하지 말고 있을 때 잘하고 교회 봉사도 젊었을 때 힘이 있을 때 잘해야 한다. 성경 읽는 것도 무엇이든 젊어서 해야지 눈이 나빠지니 성경을 두세 장만 보면 보이지가 않아 읽을 수가 없다.

박재식 씨와의 인연

충청도에서 경기도로 이사 간 후 몇 년이 지났다. 세월이 흐르다 보니 마산교도소에서 만난 그 사람도 이제 출소할 때가 되어 다시 청주교도소로 오게 되었고, 몇 년도인지는 기억이 잘 나지 않지만 출소한다는 연락이 왔다. 그래서 기도로 많은 준비를 하고 유창희 집사님에게 교도소에 같이 가 줄 수 있겠냐고 물었다. 집사님은 같이 가겠다고 했다. 유 집사님은 다른 사람에게 큰 문제가 있으면 3일 금식을 하면서 같이 걱정을 해주는 하나님의 특별한 은사와 믿음이 있는 분이었다. 논농사만 지으면서도 기도하다가 하나님께서 하라 하면 꼭 순종하는 분이었다.

유창희 집사님에 관한 일화가 있다. 교회에 의자를 처음 구입해서 들여놓았는데 한 30개쯤 되었던 걸로 기억이 난다. 그 위에 깔 방석을 해놓지 못했는데 유 집사님이 금 폐물을 다 팔아서 해놓았다. 그래서 어떻게 그렇게 큰일을 했느냐 하니 성령께서 하라는 마음을 주셔서 "제가 무엇으로 하면 될까요?" 하면서 기도로 며칠을 하나님과 싸웠다 했다. 그랬더니 아이들 폐물까지 다 팔아서 하라는 마음이 들어 순종할 수밖에 없었다고 했다.

또 교회 청년 하나가 있었는데 어머니는 교회 나와 신앙생활을 했지만 가정이 좀 어려웠다. 그 청년이 은혜를 받고 신학공부를 해서 목회를 하고 싶다 했다. 우리 몇몇 집사님들이 기도를 했지만 어떻게 도와줘야 할지 몰랐다. 그런데 유 집사님이 그 청년의 입학금을 해주셨다. 그때 학교가 서울 장신대 통합 측이었다. 그 집사님의 모든 봉사는 남편 모르게 행해지는 일이었다. 남편이 아무리 믿음이 있다 해도 부부의 마음이 모든 일에 다 맞는 것은 아니다. 그래서 그런지 유 집사님네는 딸만 둘인데 딸들이 다 믿는 집으로 시집가 너무 행복하게 살고 있다. 서산에 논이 만 평 정도 되고 당진에 집도 짓고 임대 창고도 두 동이나 있으며 지금도 쉬지 않고 봉사하고 있다. 남편은 서울 평광 교회 안수집사님이고 유 집사님도 지금은 권사님으로 봉사하며 섬기고 있다.

출소 날이 돌아와 청주에 가게 되었다. 새벽 출소라고 해서 우리는 하루 전 날 청주에 가서 여관에서 하루 묵게 되었다. 그리고 청주교도소에서 그분의 친형님을 만났다. 그분들께 연락해서 오시라고 부탁한 것이었다. 사실 그분들은 동생 소식을 모르는 것이 맘 편하고 평생 가도 만나고 싶지 않은 마음이 컸을 것이다. 그렇지만 내가 오시라 하니 오셨다. 그래서 여관방을 두 개를 쓰게 되었다.

저녁을 같이 먹고 내일 새벽에 만날 걸 상상하며 얘기를 주고받는데, 형수(부인)가 시켰다 하면서 빨간 팥을 한 사발 가지고 왔다고 했다. 교도소에서 나오면 만나는 순간 그 팥을 그 사람 머리와 얼굴에다가 사정없이 던지며 때려야 된다고 했단다. 그리고 두부를 사서 먹여야 다시는 교도소에 안 들어간다며 여러 가지 방법을 얘기했다.

우리는 그렇게 하면 그 사람이 더 화가 나서 나쁜 마음을 먹을 수 있으니 믿는 마음으로 주의 사랑으로 맞이하자고 그 형님을 설득했다. 출소한 분의 본명은 박재식이었다. 나는 한편으론 너무 무서워서 밤에 잠도 잘 오지 않았다. 그 형님도 잠을 잘 못자고 들락날락 하는 것을 알 수 있었다.

어느덧 아침이 되었다. 일찍 일어나 세수하고 기도하고 준비해서 그 형님과 교도소 입구에 가니 그가 벌써 나오고 있었다. 그늘진 곳에 오래 있었어도 얼굴이 뽀얗고 은혜로운 모습이었다. 교도소 안에서 7–8년 동안 믿음생활을 했으니 얼굴이 아주 편하게 보이고 어린아이 같은 모습이었다. 제일 먼저 형님(박재명)이 달려가 목을 안고 반갑게 맞아주고 우리도 가볍게 안아 주면서 맞이했다.

우리는 아침을 먹으러 조용한 식당으로 갔다. 형님은 동생을 보지 않았을 때는 두렵고 무서웠는데 막상 만나니 에서와 야곱이 서로 만나 목을 어긋맞고 반가워 한 것과 비슷한 느낌이라고 했다. 그들은 서로 부둥켜안고 눈물을 흘리며 반겼다. 아침밥이 준비되어 내가 식기도를 하고 아침을 먹은 후 간단하게 앞으로 어디로 갈 것인지 이야기를 나누었다. 행선지도 정하지 않았지만 우리는 일단 가서 그를 맞이해야겠다는 생각뿐이었다. 형도 그를 고향으로 데려갈 입장이 아니었다. 그곳에는 집안의 식구들 여럿이 살고 있었고 박재식이 꿈에라도 나타날까 떨고 있었다.

우리는 아침을 먹고 간단하지만 간절한 마음으로 예배를 드렸다. 갈 길을 인도해 달라고 간절히 기도한 후 형님은 서운하지만 동생과 작별인사를 했다. 청주에서 버스를 타면 평택까지 한 시간 가량 소요된다. 그는 일단 나왔으니 오산리 금식기도원에 가서 은혜를 받겠다고 했다. 그래서 나는 추리닝 좀 좋은 것을 준비하고 유창희 집사님과 같이 생활비를 조금 준비해서 줬다. 터미널에 와서 그이가 어떤 여자의 발을 아주 살짝 밟았는데 자기 손으로 그 여자의 발을 닦아 주고 만져 주면서 정말 어쩔 줄을 몰라 했다. 10년 만에 바깥세상을 나오니 영 적응이 안 되는 눈치였다. 그때 기도원까지 데려다줬으면 얼마나 좋았을까 후회가 된다.

그는 오산리 기도원으로 가고 우리는 집에 돌아오면서 정말 마음이 놓이지 않았다. 우리 두 집 다 농사하는 집이고 우리는 기도하고 또 우리가 해야 한다는 마음이 있었지만 남편들은 아무리 주의 일이라도 못마땅하게 생각할 때가 많았다. 나는 그때만 해도 막내아들도 어렸고 나이 많은 시어머니가 식사를 준비하셨고 식구가 일곱 식구에다 중학생 아이들 새벽밥 등 상황이 허락지 않았다. 해서 울산에서 목회하는 큰 동생한테 전화를 했다. 박재식 씨가 나와서 기도원에 갔으니 앞으로 그가 울산에 가게 되면 잘 보살피고 신앙으로 이끌어 달라고 부탁했다.

그리고 그 사람에게는 기도원에서 기도 마치고 갈 데가 마땅치 않으면 울산 내 동생을 찾아가라고 일러주었다. 그가 기도원에서 얼마나 있었는지는 모르나 울산 동생네가 잘 보살펴 줘서 세탁소를 차려 몇 년을 잘 지냈다. 그 후 서울로 가서 택시 기사를 한다면서 소포를 보내왔는데 아주 포근하고 예쁜 옷을 넣어 유창희 집사님과 내 것이라며 보내왔다. 겨울옷인데 몇 년 동안 기도하면서 잘 입고 다녔다. 천연 앙고라인데 색깔은 하나는 자주색, 또 하나는 하늘색이었다. 목은 까만 털로 되어 있고 고급스런 백화점 옷 같았다. 사랑으로 준비해 보내준 선물이라 참 감사했다. 몇 년 뒤 그가 불행하게도 교통사고로 하늘 나라에 갔다는 소식을 들었다. 물론 하나님나라에 영접되었으리라 믿는다.

오산리 금식기도원에 가다

물질적으로 풍부하지는 못했지만 믿음으로 사랑으로 우리 교회 여전도회에서 음식과 과일을 준비해서 목사님 모시고 경기도 송탄 서정리에 있는 성육 보육원에 가서 음식을 나누고 주의 사랑을 전하고 왔다.

충북 단양 고수동굴에서 한 4킬로미터쯤 올라가면 천동동굴이란 곳이 있는데 천동동굴 위쪽으로 800미터를 올라가면 산속에 조그만 동네가 있다. 우리가 충청도에서 경기도로 이사를 갈 때 그곳에다 땅 2천 평을 사 놓은 것이 있었다. 그 동네분이 경작을 하고 있었는데 기도만 하면 그곳에 기도원을 하라는 마음이 조금씩 들기 시작했다. 기도를 하면 할수록 그런 생각이 더 많이 들었다.

나는 유창희 집사님, 권사님 한 분과 목사님 사모님하고 처음으로 오산리 금식기도원을 가게 되었다. 기도원을 가보니 그렇게 큰 기도원은 처음 보았다. 기도원을 더 크게 건축하려고 천막을 원형으로 쳐놓고 부흥회를 하는데 사람도 너무 많고 건물들도 많고 정말 기가 죽었다. 낮 예배를 마치고 같이 간 사람들끼리 이런저런 대화중에 평택 원정리교회를 섬기다가 이사 온 한현숙 집사님 이야기가 나왔다. 그 집사님은 우리 홍광교회로 이사 와서 몇 년째 다니고 있었는데, 아들이 하나 있고 남편이 없이 혼자 살았다. 그러다가 마땅한 분이 있어 다시 원정리 옆 동네 내기리라는 동네로 재혼을 가게 되었다. 우리끼리 그 집사님 얘기를 하고 있는데 우리 얘기를 듣고 계시던 어떤 분이 한현숙 집사님을 아느냐면서 말씀을 건넸다. 알고 보니 원정교회 계실 때 그 교회 목사님 사모님이셨다고 한다. 한 집사님과는 함께 교회를 섬기셨다고 했다. 그러면서 한 집사님은 치마를 입어서 여자지 완전 여장부라고 했다. 한현숙 집사님은 고향이 경기도 안성이고 결혼해서 충남 대천에서 살면서 교회 목사님께 전도를 받고 믿음생활을 하시다가, 서울 청계천 판자촌에서 목회하시는 김진홍 목사님을 만나게 되어 기르던 송아지를 교회에 바치고 서울로 이사를 했다. 김진홍 목사님이 경기도 평택 이화리에 바다를 막아 간척지 논을 분양해서 전국에 사람들이 모여들기 시작하자 경기도 이화리 활빈교회로 같이 이주해서 살다가 원정리교회로 가게 되었다. 지금은 원정리교회가 지구촌교회로 이름이 바뀌었다.

그 집사님 얘기를 하면서 그 사모님께서 안부를 물어오셨다. 그 사모님은 오산리 금식기도원 밑에 불광동에 있는 무슨 교회에서 목회를 하신다고 했다. 그런데 한쪽 발등이 많이 부어올라 한쪽 발을 못 쓰시고 목발을 집고 오셨다. 우리는 다 땅바닥에 앉아 예배를 드리는데 그분은 제일 뒷자리에 의자를 갖다놓고 앉아 계셨다.

저녁예배 시간이 되려면 아직 몇 시간 있어야 되어서 성전 아래로 내려갔다. 거기엔 낮은 산이 있고 묘지도 있고 조금 더 내려가면 철조망도 있었다. 전방지대라 그렇다 했다. 그래서 그늘진 곳에 자리를 잡고 유창희 집사님과 사모님, 나 이렇게 찬송도 하며 은혜받기 위해 기도를 하기 시작했다. 열심히 애써 기도하는데 정말 성령께서 얼마나 강하게 역사하시고 은혜를 주시는지 방언기도가 나오면서 뱃속 깊은 데서부터 창자가 끊어지도록 쉴 새 없이 큰 소리로 기도가 터져 나왔다. 아무리 절제를 하려고 해도 계속 나오는 기도는 끊이지가 않았다. 목에서 나오는 소리는 깊은 곳에서 나오는 정말 처음 경험하는 쇳소리 같은 기도였다.

기도 중에 하나님은 내가 처음 오산리 금식기도원 가서 느꼈던 그 마음을 책망하셨다. 나는 낮 예배를 드리며 "오, 하나님 아버지, 제가 기도원 하려고 했던 그 마음을 취소하겠습니다. 여기 와 보니 정말 엄청나게 기도원도 크고 아무나 하는 일이 아닌데 아무것도 모르고 까불고 그런 생각을 했으니 용서해 주십시오" 하고 기도를 했었다. 그래서 홀가분한 마음으로 은혜나 많이 받고 교회 열심히 충성하고 섬기면서 살자, 그런 마음이었는데 산에 가서 기도를 시작하자 하나님이 나를 막 책망하시는 것이었다. 기도원이라 해서 크고 좋은 곳만 기도원이냐. 한 영혼이 천하보다 귀하다. 그곳에도 얼마나 많은 영혼이 있는지 아느냐. 그런 내용의 기도였다.

한참 기도하고 있는데 옆에서 낯선 목소리의 기도소리가 들렸다. 시간이 흘러도 내가 기도를 멈추지 않자 누군가 나를 툭툭 건드렸다. 눈을 떠보았더니 아까 성전에서 말씀 나누었던 그 사모님이었다. 사모님은 목발을 집고 그 산에까지 내려오셔서 기도하시다가 너무 큰 기도소리가 들려서 찾아 내려왔다고 했다. 그러면서 나보고 자기 아픈 발을 위에 기도를 좀 해달라고 부탁하셨다. 정말 난처한 일이었다. 우리는 기도하고 은혜 받으러 간 다 같은 평범한 사람인데 왜 나 같은 사람에게 기도를 부탁하는지…. 우리 교회 사모님 보기에도 민망했다. 한사코 거절하니 그 사모님 하시는 말씀이 점쟁이와 무당도 처음 신이 들었을 때가 진짜인 것처럼 내가 보니 처음 이렇게 큰 은혜를 체험하는 것 같은데 뱃속에서 능력이 막 나오는 것을 자기도 느낄 정도라고 하면서 계속 부탁하셨다. 그래서 나는 우리 사모님께 여쭤 보았다. "사모님, 어떻게 할까요?" 하니 사모님 표정이 안 좋아졌다. 사모님께서 기도가 안 되시다가 이제 막 기도줄이 잡히는 중인데 그 사모님이 갑자기 이러시는 바람에 기도가 멈추어졌기 때문이다. 그러면서 내게 하시는 말씀이 "저렇게 애원을 하는데 어쩌겠느냐. 해주시라"고 하셨다. 그래서 하는 수 없이 간절하게 기도를 해주었다.

집회 마치는 날 저녁이 되었다. 그 사모님은 저녁집회를 마치고 발도 많이 나아서 집에 가신다면서 나를 보고 자기네 교회에 가서 하룻밤 자고 가라고 하셨다. 그래서 내가 여기서 자고 내일 아침 새벽예배 한 시간 더 은혜 받고 같이 온 분들과 같이 가야지, 나 혼자 어떻게 따라 가냐고 그런 마음은 전혀 없다고 했더니 아쉬워하며 가셨다. 그 뒤로 만난 적도 없고 소식을 서로 통한 적도 없다.

기도원 사명을 고민하다

세월이 어느 정도 흘렀다. 모시고 있던 목사님께서 고혈압으로 쓰러지셔서 병원도 가고 열심히 치료해 보았지만 치료가 되지 않고 거동을 못하게 되었다. 해서 이화리 활빈교회 시무하시는 김진홍 목사님 소개로 전라도 장흥에 계시는 임춘빈 전도사님을 모시게 되었다. 전에 계시던 목사님께서는 교회 가까운 동네에 집을 사서 이사하셔서, 사모님은 교회 나오시지만 목사님은 못 나오셨다. 우리가 사는 곳은 바다를 막아 사는 농촌마을이었고 이주민도 많이 살고 서울 근교에서도 이사와 사는 분들도 많았다. 그래서 은퇴하신 여전도사님, 목사님 돌아가시고 홀로 사시는 사모님, 이런 분들이 교회에 많이 나오셨다. 그분들 중에는 하루도 안 빠지고 새벽예배에 나와 기도하는 분들이 많았다. 그런 면이 또 목회하는 전도사님이나 사모님에게는 가끔 부담이 되기도 했을 것 같다.

세월이 흐르다 보니 우리가 충청도에서 이사 갈 때 구입한 땅을 서울사람이 사고자 한다는 소식이 왔다. 우리 남편도 그동안 믿음생활 하면서 은사 체험도 하고 때로는 기도원도 해야 하나 그런 생각도 나와 함께 할 때가 있었다. 그런데 막상 기도원을 하려니 두렵기도 하고 용기와 믿음이 부족한 것을 느꼈다. 나도 오산리 기도원에서 내려와 매일 기도하며 많이 생각했지만 결정이 쉽지 않았다. 김동규 목사님 사모님은 내게 "집사님에게는 기도원 사명이 있는 것 같다"고 말씀하셨다. "우리 교회에서 집사님네가 떠나면 영적인 손해가 많지만 그래도 하나님의 뜻이라면 우리가 억지로 막지는 못하겠다" 하셨다. "심방을 갈 때마다 집사님을 데리고 다니면서, 생각지도 못한 일들을 하는 것을 보아 왔기 때문에 기도 많이 하시고 결정하라"고 하셨다. 본인의 기도가 제일 중요하다는 말씀이셨다.

하루는 충청도에서 여자 권사님 한 분이 우리가 살고 있는 경기도 평택까지 찾아오셨다. 땅을 팔라고 찾아오신 것이다. 남편과 정말 심각해서 상의해서 아직은 팔 마음이 없으니 하룻밤을 저희 집에서 주무시고 가라고 권하여 다음날 차비를 드려서 돌려보냈다. 신앙생활 하며 사는 우리들은 마음이 편해야 교회를 가나 일터에서 일을 하나 마음이 즐거운데, 기도원을 해야 하나 안 해야 하나 기로에 놓여 있으니 항상 마음이 괴로웠다.

기도원에서 기도할 때 충청도 가서 기도원을 하더라도 꼭 양로원을 겸해서 해야겠다는 생각을 했다. 앞으로는 노인들이 갈 곳이 없으리라는 하나님의 마음이 왔다. 지금으로부터 한 32년 전 일이고 그때만 해도 양로원도 요양원도 많지 않을 때였다.

하루는 새벽녘에 꿈을 꾸는데 온 세상이 한눈에 보였다. 남자인지 여자인지 구분도 안 되는 사람들이 온몸은 발가벗고 머리는 긴 머리가 앞으로도 뒤로도 흘러내린 모습에 피곤함이 묻어나는 얼굴에는 땟물이 흘러내리면서 아우성치는 모습을 보게 되었다. 그런데 누가 내게 말씀해 준 건지 깨고 나서도 모르겠지만, 앞으로 온 세상 사람들이 이렇게 힘들고 피곤하게 살 날이 돌아온다면서 한 영혼이라도 구해야 되지 않겠냐고 말을 해주었다. 그 꿈은 아직도 오늘 새벽에 본 것처럼 너무나 선명하다. 그래서 남편에게 우리는 꼭 기도원을 하러 가야 된다고 했더니 자기도 몇 번이나 기도 중에 느낀 점이 있다면서 동의했다.

그런데 충청도에서 목사님이 땅을 소개한 박수만 목사님이 계셨는데 이분은 6.25 전에 동네 이장을 오래 하시고 6.25때부터 예수님을 만나 성중근 씨, 순교한 그분과 산기도를 많이 하셨다. 그런데 인민군들이 자기네를 찾아 산으로 오면 박 목사님은 얼른 몰래 산속으로 나무 밑으로 숨어 다니고, 순교하신 그분은 누가 오든지 안 오든지 자리를 한 번 잡으면 끝까지 한자리에서 기도를 했다 한다. 그래서 목사님은 순교할 기회를 놓치고, 그분은 영광스러운 순교를 하셨다고 연세가 많으셔서 간증하시는 것을 들었다. 순교하신 집사님을 인민군들이 붙잡아 와서 동네 가운데 데려다놓고 총살하는 것을 우리 남편은 어린 나이에 보았다 했다. 그런 박수만 목사님은 일본에서 오래 살다 오셔서 신앙생활을 더 열심히 하셨다. 그 후 단양군 영춘면 일대에 교회 6-7곳에서 목회를 하시고 용문산 기도원에서도 몇 년을 사셨다.

나는 용문산 기도원에 가서 그분을 처음 만났다. 4.19 혁명 때 서울 남산에서 까만 두루마기를 입으시고 예수 믿으라고 외치며 전도도 많이 하셨다 했다. 그 목사님께서 우리 땅을 관리하시는데 땅을 팔았다고 계약금을 받아놓았다고 하셔서 우리 남편이 "그럼 당신이 가서 그 땅을 계약금 돌려주고 물리고 오라" 해서 세 살 난 막내아들을 업고 가서 그 땅을 물렸다. 그렇게 지나다가 평택에 있는 논 5천 평 정도를 팔게 되었다. 그때 시가로 3천2백만 원에 팔았다. 땅을 판 시기가 11일달 농사 끝난 후였는데 이듬해 7월 달까지도 이사를 가지 못하고 근 1년을 보냈다. 그 사이 너무나 많은 일들이 있었다.

건축헌금을 통한 하나님의 계획

1985년도 11월에 땅을 팔았다. 땅을 정리하고 이사를 가려니 우리 남편은 많은 생각과 걱정이 들었나 보다. 중3아들, 중1큰딸, 초등학교 4학년, 막내 1학년… 그러니 결정을 못하는 것은 당연한 일이었다. 남편은 이화리 활빈교회 김진홍 목사님하고 마음이 맞아서 같이 양계장을 한다면서 목사님을 자꾸 만났다. 우리 교회에 서울에서 이사 오신 김영열 장로님이 사슴목장을 하고 계셨는데 그 장로님네 땅을 양계장을 짓는다고 임대 얻어놓고 양계장도 안 하고 이사도 안 하고, 남들은 농사하느라 매일 바쁜데 우리는 마음도 못 잡고 매일 빈둥거리고 지냈다. 그런 생지옥이 없었다.

땅 팔기 3년 전에 울산에서 내 밑에 동생이 목회를 했는데 부흥회 한다고 다녀가라고 해서 울산에 내려가 부흥회에 참석했다. 부흥회 마지막 날 저녁 집회 때였다. 원래는 우리 동생이 대구에서 목회를 하다가 백주년 기념으로 울산에 조그만 개척교회를 시작했다. 그래서 부흥회 마지막 시간에 말씀을 마친 후 건축헌금을 작정한다면서 교인들에게 쪽지를 나누어 주었다. 나는 감사헌금 한 것으로 끝났다 하고 있는데 내 마음속에서 '너도 건축헌금을 작정하라'는 마음이 불같이 일어났다. 그래서 마음속으로 하나님께 말씀했다. '나는 논이 5천 평 있다 해도 간척지 논이라 농사도 잘 안 되고 식구도 시어머니하고 아이들하고 일곱 식구가 살기에 넉넉하지는 못합니다. 그런데 건축헌금을 작정했다가 언제 드릴 수 있겠습니까.' 짧은 시간에 생각이 많았다. '저는 못합니다' 하면서 성령님과 싸움을 하고 있는데 옛날 굿집에서 경험하던 것처럼 내 몸이 굳어져 가는 느낌이 들며 금방 쓰러져 의자에서 넘어질 것 같았다. 그래서 '나도 모르겠다' 하고 있는데 쪽지를 돌리는 집사님이 내 옆에 왔다. 그래서 나도 쪽지를 달라고 해서 마음이 가는 대로 적었다. 그런데 놀랍게도 50만 원이라고 썼다. 그때 쌀 한 가마니가 4만 원밖에 안 할 때다. 나로서는 엄청난 금액이었다.

밤 집회가 모두 끝나고 동생네 집으로 돌아왔다. 살림집도 너무 좁고 불편했다. 동생네의 고생이 이만저만이 아닐 때였다. 처음 개척할 당시 14평 공간에 교회와 사택까지 겸해서 살았다. 아침에 동생 목사가 나에게 말했다. "누나 어떻게 하려고 이렇게 작정헌금을 많이 했느냐"고 물었다. "글쎄 나도 모르겠어. 작정은 했지만 언제 하게 될지 모르겠고 내가 하고 싶어서 한 것도 아니고 성령께서 강권적으로 역사하셔서 순종하게 되었는데 나도 모르겠어." 그 말만 남기고는 집으로 돌아왔다.

이 사건이 땅 팔기 3년 전의 일인데 땅 팔 때 계약금 받고 중도금 받을 날이 되어 중도금을 받은 모양이었다. 우리는 평생 농사만 짓고 살아서 집에 모아놓은 돈도 없고 남에게 빚도 져본 일이 없다. 그래서 모든 돈관리라든가 살림을 남편이 다 주관했다.

가을 농사일도 끝나고 겨울이 돌아오기 전에 마을사람들이 회비를 모아서 단양 고수동굴에 하루 관광을 가서 재미있게 놀다왔다. 관광차를 대절해서 갔는데 동네 사람들이 많다 보니 한 차 가득 다녀왔다. 그 이튿날 초겨울비가 왔는데 날씨도 썰렁하고 해서 이불 속에 누워 있는데 갑자기 하나님께서 3년 전 울산신광교회 작정헌금 한 것을 신랑한테 지금 얘기하라는 마음을 주셨다. 작정헌금은 했지만 남편에게 지금까지 작정헌금 했다고 말 한마디 한 적 없는데 지금 빨리 하라는 것이었다. 나는 가슴이 방망이질을 하여 죽을 것 같았다. 어떻게 말을 꺼낼까 너무 떨렸다. 남편은 자기한테 할 말이 있냐며 해보라고 했다. 내가 자꾸만 "저기, 저기" 그 말만 하니 답답하다고 빨리 해보라고 했다. 그래서 "하나님께서는 당신에게도 하나님 뜻을 요구하실 수도 있고 나에게도 할 수 있다고 생각하지 않겠냐"고 물었다. 나는 또 재차 "우리 인간은 이 땅에서 한 가족을 이루고 살면서 생육하고 번성하여 하나님 뜻을 이루기 위해 사는 식구"라고 하자 남편이 화를 있는 대로 내면서 무슨 말을 하려고 이렇게 거창하게 나오냐고 하면서 분위기가 썰렁해졌다. 그래서 나는 죽더라고 말을 하자고 결심했다.

"내가 3년 전에 울산 동생네 교회 부흥회 갔을 때 건축헌금 작정하는 시간에 이만저만해서 50만 원을 작정했다. 그런데 하나님 성령께서 지금 말하라 해서 그런다"고 하자 남편은 이런 미친년이 있냐면서 돈 50만 원이 강아지 이름이냐며 금방이라도 죽일 것 같은 표정을 지었다. 그 순간에 동네 마이크에서 노래가 신나게 나오더니 어저께 관광을 가서 남은 돈도 있고 음식도 있어서 동네 주민들이 회관에 모여서 먹고 놀자면서 다 모이라는 내용이 나왔다. 한 분도 빠짐없이 빨리 모이라고 방송을 했다. 그래서 나는 걸음아 날 살려라 하고 번개처럼 달려갔다. 거기 있었다가는 옛날처럼 반은 죽게 맞을 뻔했다. 잠시나마 그곳에 가서 억지로 좋은 척하고 놀았다.

관광 갈 때 버스에서 부부가 한 의자에 다 앉게 되었다. 다 그렇게 앉으라고 해서 그렇게 앉아가다가 어느 정도 시간이 흘러 술 한 잔씩 먹고 음악이 나오니 일어나 춤들을 추느라 야단법석이 났다. 우리 부부는 아침에 앉은 채로 종일 그렇게 앉아서 구경만 하고 있었다. 남편 동갑내기 친구 부인이 우리에게 와서 아침에 둘이 앉으라 한다고 종일 그렇게 붙어 앉아 있냐고 두들겨 패면서 야단을 했다. 일어나 춤을 추라니 나는 춤을 추어 본 적도 없고 춤을 출 줄은 정말로 몰랐다. 그럼 노래나 한 소절 하라고 해서 노래를 불렀다. 춤은 못 추지만 노래는 좀 했다. 그래서 한 곡하고 "또다시 한 곡 더 하겠습니다" 하며 세 곡을 연거푸 했다. 그랬더니 노래를 잘 부른다고 야단이었다. 지랄하고 춤은 못 추면서 노래는 잘하네 그러면서 노래 잘 부른다고 동네서 소문이 났다.

그 이튿날 동네 회관에 갔더니 나를 보고 다들 노래 잘하는 가수가 왔다고 반가워했다. 잠시나마 무서움과 두려움을 잊을 수 있었다. 우리 남편은 회관에 오지 않았다. 속이 말이 아니었을 것이다. 나는 엄청난 말을 해놓고 집에서 나와서는 오후가 되어서야 집에 가 저녁밥을 해먹고 밤이 되었다.

남편과 나는 다시 낮에 한 얘기를 계속했다. 남편은 계속 나에게 "정신이 있는 사람이냐? 어떻게 그 많은 돈을 상의도 없이 그러느냐?"며 끝없이 나를 혼내는데 "하나님은 당신께 요구할 수도 있고 나에게도 그렇게 할 수 있다"고 해도 도가 지나치도록 화를 내며 이제는 나와 끝내자는 말까지 했다. 나는 너무 겁이 나서 울기만 했다. 3년 전 작정헌금 하라고 할 때 순종하지 않아 기절할 뻔하던 그 증상이 다시 오더니 헛구역질을 몇 번 하고는 정신을 잃었다.

우리 남편은 놀라서 "여보, 여보, 정신 차려. 내가 자기앞수표 50만 원 줄 테니 내일 당장 갖다 부쳐" 하면서 나를 막 주무르고 물도 떠다 먹이고 난리가 났다. 한참 만에 정신이 들었는데 서로 아무 말 없이 그날 밤 자고, 이튿날 남편이 땅 팔고 중도금 받은 돈 자기앞수표 50만 원을 내게 주었다. 나는 그때 50만 원짜리 수표를 처음 보았다. 그래서 작정한 지 3년 만에 동생에게 편지를 한 장 쓰고 우체국에 나가 돈을 부쳤다.

며칠 만에 동생에게 연락이 왔다. 교회를 다시 건축하려고 몇 달 동안 준비 기도 하고 마지막에 전교인이 3일 금식기도 마치고 돌아오는 주일날 건축헌금 작정을 하려고 계획을 세워 놓았는데 내가 보낸 헌금이 금요일에 도착했다고 한다. 그래서 교회에 광고를 해서 성도들이 성의를 다해 교회를 건축하게 되었고, 또 10년이 넘어서는 교회가 많이 부흥되어 더 큰 교회를 건축하고 부흥되었다. 하나님께서는 어떻게 이렇게 3년 후의 일을 계획하시고 정확하게 뜻을 이루시는지 인간으로서는 감탄하지 않을 수가 없다.

믿음의 동역자들

우리는 이런저런 일들을 겪으며 평택을 떠나오지 못하고 세월만 흘려보냈다. 땅은 팔아놓고, 우리 남편은 죽어도 가지 않겠다고 하고, 나는 가야 된다 하고…. 그러던 어느 날, 교회 전도사님 내외분하고 우리 부부 하고 이화리 활빈교회 김진홍 목사님 댁에 놀러 가게 되었다. 그때 그 교회는 돼지, 닭, 가축을 많이 기르고 있었다. 우리는 홍원리 장로님 땅을 빌려놓기는 했지만 김진홍 목사님이 양계장 지으라고 돈을 주시는 것도 아니고 우리 돈으로 양계장을 짓는다 해도 부족할 뿐 아니라 지을 수도 없어서 손을 놓고 있었다. 목사님 사택에 놀러갔는데 김 목사님 사모님이 부침도 하시고 점심을 잘 해주셔서 함께 먹었다. 김진홍 목사님 말씀이 우리가 양계장 짓는 결정을 못하고 있으니 "나승일 장로님은 부인 집사님께 꼭 쥐어서 사는 모양이지예" 그런 말씀을 하셨다. 우리 부부는 그 말씀 끝에 아무 말도 못하고 있는데 우리 전도사님께서 대변해 주셨다. "아닙니다. 장로님이 너무 무서워 집사님이 꼼짝도 못하십니다. 목사님께서 잘 모르시는 말씀입니다" 하셨다.

또 나하고 친한 한현숙 집사님이 아들 하나 데리고 혼자 살다가 원정리 옆에 있는 내기리라는 동네 믿지 않는 남자와 재혼을 해서 살게 되었다. 그 남편이 동네 이장님도 오래 보고 촌부자이고 본부인은 암으로 돌아가시고 딸네 명에 막내아들까지 5남매가 있는 집이었는데 재혼을 해서 그래도 맞추어 가며 잘 살고 있었다. 딸들도 잘 키워 하나하나 결혼도 시키고 동네에서 신임도 얻고 나름 잘 살았다.

그러던 어느 날 남편이 밖에 일 나간 사이에 집이 옛날 집이라 방이 적고 해서 방을 크게 하려고 집사님이 방 벽을 다 부셔 버리는 일이 있었다. 온 집 안이 난장판이 되었다. 그때부터 관계가 삐거덕거리기 시작했다. 남편 아들과 자기 아들 공부도 시켜야 하니 시내 안중이란 곳에 단독주택을 하나 마련해 거기서 아이들 중고등학교 공부를 시키겠다고 집사님이 집을 마련했다. 그 남편은 시골 출신 아주 알뜰하고 좀생이 남편인데, 집사님은 앞서 말한 여장부 집사인데다 간 큰 여자였다. 너무 여자가 거세다고 남자가 집을 나가 당진이란 곳에 간척지 땅을 구입해서 집에 들어오지 않았다.

우리도 땅은 팔았는데 이사도 못 가고, 그 집사님도 남편이 집을 나가 가끔 옷이나 갈아입으러 들어오니 우리 집엘 오면 많은 얘기를 했다. 그 집사님은 고향 친정집이 경기도 안성인데 남자형제가 모두 양계장을 하고 있었다. 그래서 우리 남편과 얘기를 하면 너무 잘 통하고 끝이 없이 말을 했다. 그래서 농담 반 진담 반 아예 집사님 남편도 마음 안 맞는다고 집 나갔는데 당신들 둘이 양계장이나 같이 하고 잘 해보라고 할 때도 있었다.

그 집사님네 집은 내기리라 걸어서 가면 한 5킬로미터 지름길로 갈 수 있었다. 안중 집에 살고 있지만 그래도 시골 내기리 집에 한 번 가보고 싶은데 시집 안 간 남편 딸이 있으니 혼자 못 가겠다고 해서 내가 같이 가게 되었다.

막내딸이라면서 청바지에 흰 티를 입고 작은 키에 몸집이 다부지게 생긴 아가씨가 한 집사님을 보자마자 수돗가에서 멱살을 잡고 패대기를 치고 덤벼들었다. 집사님은 얼굴이 노랗게 질려서는 그 아가씨에게 상대도 안 되었다. 나는 너무 놀라 소리를 지르고 뜯어말려 보았지만 요지부동이었다. 내가 경찰을 불러오겠다고 소리를 치고 있는 힘을 다해 잡아 제쳤더니 그제야 놓아주었다. 정말 한 5분 거리에 파출소가 있었다.

그 딸은 분이 안 풀려 자기 방으로 들어가 통곡을 했다. 자기 엄마는 죽었는데 새엄마가 들어와서 설친다고 억울하다고 했다. 그 집사님은 오늘 있었던 일을 아무에게도 말하지 말라고 내게 당부했다. 재혼해서 전처 딸에게 당했다는 소리는 듣기 싫다는 것이었다. 그래도 그 집사님은 딸들도 다 구원시키고 기도도 많이 하고 오직 예수밖에 모르는 분이었다.

하루는 안중 경성주택에 살면서 가까운 교회에 나가는데 강도사님 사모님이 예언기도도 잘하시고 은혜의 말씀도 잘하신다면서 우리 집에 오셨다. 나보고 자기 집에 가서 그 사모님 모시고 예배도 드리고 기도도 받고 가자고 했다. 나는 이사도 못 가고 남들은 농사일 하느라 동네 사람도 없는데 할 일도 없어서 그 집사님을 따라갔다.

정말 가서 점심을 먹고 그 사모님을 오시라 하니 오셨다. 그래서 찬송을 몇 곡 부르고 사모님께서 예배인도 하시고 말씀을 증거하셨다. 기도 시간이 되어서 기도를 한참 하고 있는데 그 집사님 남편이 빨간 모자를 쓰고 어떤 남자친구와 둘이서 대문을 열고 마당 안으로 들어오는 환상이 보였다. 한참을 기도하고 주기도로 예배를 마치고 나는 사모님께 기도를 좀 해달라고 부탁을 드렸다. 그러나 그 사모님께서 사양하시고 기도를 해주시지 않았다. 내가 기도 시간에 본 것이 하도 이상해서 한현숙 집사님께 방금 본 대로 얘기를 했다. 그 뒤 2-3일쯤 지났을까. 한 집사님께 연락이 왔는데 자기 남편이 정말 빨간 모자를 쓰고 어떤 친구와 같이 왔다는 것이다. 안중에 볼일이 있어 왔는데 친구를 만나서 그 친구가 억지로 집으로 끌고 왔단다. 그렇게 화해가 되어서 서로 왔다 갔다 하며 농사도 하고 살게 되었다.

유창희 집사님, 한현숙 집사님은 이렇게 무슨 일이 있으면 서로 기도하고 돕는, 내게는 예수 안에서 혈육 같은 분들이다.

남편의 의처증

유창희 집사님이 오산리 금식기도원에 열흘 금식기도를 갔었다. 나는 한 3일 하고 오는지 알았는데 나중에 보니 열흘 금식을 하셨다. 나는 나대로 집에서 장로님과 거의 1년이 다 되어 가도록 다투고 있다 보니 나 혼자서는 해결이 안 되어 어디라도 기도를 하러 가고 싶었는데, 연세 많으신 시어머니와 네 자녀들을 생각하여 집 나가기가 어려웠다. 그래서 안중에서 발안에 가서 그곳에 있는 발안교회를 찾아가 목사님께 흰돌산 기도원이 어디에 있는지 물어 찾아갔다. 정말 수중에 딱 차비밖에 없었다.

우리 남편이 장로가 되었다 해도 주지승 수양아들이라 마귀는 끝없이 역사했다. 충청도에서 이사 와서 한 3년 후부터 남편은 공연히 나를 의심하게 시작했다. 내가 고향 충청도에 있을 때 어떤 남자와 바람이 났다면서 때때로 나를 괴롭혔다. 그 고통은 정말 참을 수 없을 정도였다. 낮에는 멀쩡하다가도 밤만 되면 아무도 모르게 얼마나 괴롭히던지 차라리 죽는 길을 택하는 편이 나을 정도였다. 사람이 한 번 거듭났다고 한 번 은혜 받았다고 성자가 되는 건 아니다. 마귀의 장난은 정말 끝이 없었다.

18세에 결혼해서 3년 있다가 남편이 군에 갔고, 군에 가자마자 내 동생이 정신 이상이 되어 거기 매여 동생 병 고치느라 바빴고, 그 후 바로 예수 믿고 믿음생활 했다. 남편이 군에 갔다 와서 첫 아기 낳고 계속 자기 옆에서 4남매 낳고 경기도로 이사해서 살고 있는데, 고향 충청도에 갔다 오더니 어느 날부턴가 그런 말을 하며 의심하기 시작했다. 한 3년 동안 고문 아닌 고문 생활이 계속되었다. 나는 누구에게 말 한마디 못했다. 남편은 이미 장로도 되었고 교회 재정 부장에다 동네 이장님이었다. 나는 혼자 고문을 당하면서 말 한마디도 못했다.

그때만 해도 집에 세탁기도 전화기도 아무것도 없었다. 왕겨 피워 밥 해먹고 석유곤로로 반찬하고 그렇게 살 때였다. 하루는 부엌 세면 바닥에서 손빨래를 하는데 눈물이 폭포같이 쏟아져 내렸다. 나는 빨래를 사정없이 두들겨 패며 빨래를 했다. 그리고 남편에게 편지를 쓰기 시작했다. 편지를 써 놓고 집을 나가 버리겠다는 마음으로 쓰는데 하나님의 세미한 음성이 들렸다. "사랑하는 딸아. 너에게 주는 마지막 시험이다. 이 시험만 이기면 형통의 축복이 함께할 것이다. 너에게는 물질 같은 그 어떤 시험도 해당이 안 되기에 내가 너희 남편을 그렇게 만들었다."

그러고 나서 생각해 보니 남편이 불쌍하기도 하고 하나님께 화도 났다. 왜 나에게 이런 힘든 시험을 허락하신 걸까. 어떤 때는 밤에 자다가 느낌이 이상해서 눈을 떠 보면 남편이 자지도 않고 내 얼굴을 빤히 들여다보고 있다. 내가 잠이 깨어 왜 그러느냐 물어보면 "당신 정말 아무 일 없었느냐. 누구하고 그랬는지 바른대로 말하면 용서해 주겠다"고 했다. 그리고 고향에 가면 온 친척들, 우리 아버지, 어머니, 고모, 이웃집 할머니 모두가 내가 바람이 났다 그런다 했다. 그러고는 항상 귀에 대고 누군가가 속삭인다고 했다. 마귀는 너무나 어리석다. 설마하니 우리 아버지 어머니가 그런 말을 했겠는가. 설령 사실이라도 말을 안 하겠지만, 없는 말을 지어서 자식을 욕보일 부모가 있겠는가. 말도 안 되는 말을 하니 정말 팔짝 뛸 노릇이었다.

남편은 눈에 보이기도 하고 귀에 들리기도 한다면서 "나는 못 속인다"고 했다. 아무리 하나님이 하시는 일이고 남편이 애처롭다 해도 하루 이틀도 아니고 3~4년 동안 그렇게 하는데 어느 누구에게 말도 못하고 죽을 노릇이었다. 흰돌산 기도원에 가게 된 이유도 이것 때문이었다. 어느 날 밤에 "이런 년은 가만두어서는 안 된다"고 하면서 내 목을 짓누르는데 얼마나 오래 눌렀는지 온 목에 멍이 새빨갛게 들었다. 도저히 집에 아이들도 있고 동네 사람 보기도 창피하고 교회에도 갈 수 없어서 남편이 논들에 나간 사이 작은 집 동서가 우리 집에 다니러 왔는데 동서에게 2천 원을 얻어서 흰돌산 기도원에 가게 되었다.

출애굽기에서 바로 왕을 강퍅하게 해놓고 모세에게 명령하신 하나님께, 상대방을 강퍅하게 해놓으시고 왜 우리에게 큰 시련을 주시는지 지금도 이해가 안 간다. 우리 남편도 완전히 하나님의 심부름꾼으로 행동한 것이었다. 마귀는 아무리 똑똑한 척해도 항상 오점을 보이고 금방 들통이 나게 마련이다. 남이 볼 때는 의심 병이 있는 사람도 아무렇지 않아 보인다. 여자가 의부증이 있으면 그 여자의 남편만 고통을 당한다. 의심 병은 정신적인 병이지만 마귀가 주는 병이기도 하다. 아주 추잡한 병이다.

흰돌산 기도원은 그때만 해도 지금의 윤석전 목사님이 아니고 서인애 여자 원장님이 운영하고 있었다. 하루에 한 번만 예배 인도를 하시고 우리가 개인적으로 기도를 했다. 나는 처음으로 일주일 금식기도를 했다. 아무도 없는 데가서 실컷 울기도 하고 소리소리 지르며 기도도 하려고 기도원에 올라갔다. 집에 있을 수도 없는 상황이었고, 밥을 먹으려 해도 배가 고파도 돈도 없고,

먹을 수도 잠을 잘 수도 없고, 정말 믿음의 길이 그렇게 외롭고 고독한 줄 몰랐다. 누구 하나 아는 사람도 없고, 그때만 해도 아무리 형제가 9남매나 되고 어머니 아버지 다 계셔도 지금같이 전화도 할 수 없고 그렇게 외로울 수가 없었다.

본당 기도실에서 한없이 울며 기도하는데 갑자기 유창희 집사님이 환상으로 내 앞에 나타났다. 그래서 서로 부둥켜안고 한참을 울고 웃었다. 하나님의 성령도 임하고 마음에 기쁨도 오고 편안해졌다. 왜 유 집사님이 보이나 생각해 봤더니 나보다 며칠 더 앞서 오산리 금식기도원에 갔던 것이 생각났다.

나는 기도원에 가서 쌀 한 톨 입에 넣어 보지 못하고 미음 한 그릇 못 먹고 금식 일주일 마치고 그냥 집에 오게 되었다. 기도원에 사실대로 얘기했으면 미음이라도 끓여 주었을 텐데 돈이 없다고 말 한마디 못하고 왔다. 원장님도 나에게 "어디서 왔냐, 무슨 기도제목이 있어 왔냐"고 물어볼 만도 한데 그러지 않으셨다. 나는 원장님과 대화 한마디 못 해보고 기도원 사람들하고도 말 한마디 안 해보고 3명 정도와 방을 같이 쓰다가 하산했다.

집에 오니 우리 시어머니가 제일 반가워했다. 내일 아이들이 학교 소풍 가는 날이라고 김밥을 싸달라고 하는데 김밥을 쌀 줄 몰라 걱정이 태산이었다고 했다. 이제 내가 왔으니 걱정 없다면서 반가워하셨다. 우리 남편도 내가 막상 집에 없으니 걱정을 많이 했다고 한다. 돈도 하나도 없이 나갔는데 어디에 갔을까 하더란다.

그 무렵 아웅산 사건이 있어났다. 유창희 집사님도 3일 금식하고 집에 온 줄 알았는데 나보다 3일을 더 해서 열흘 금식을 하고, 목사님 사모님이 오산리 기도원까지 가서 같이 왔다고 한다. 체구도 작은데다 열흘 금식까지 했으니 얼굴이 반쪽이 되고 너무 창백했다. 목사님 사모님께서 집사님에게 루즈를 주시면서 화장은 안 하더라도 루즈라도 바르라고 주셨다. 입술에 루즈를 바르고 어디 터미널까지 와서 거울을 보니 입술이 쥐 잡아 먹은 것보다 더 빨 갛고 꼭 귀신같더란다. 그 루즈가 잘 안 지워지는 일제 루즈였는데 그것도 모 르고 많이 발라서 지워지지도 않고 닦아도 입술만 아프고 정말 웃지 못할 일 이었다. 아웅산 사건이 일어나서 엄청난 사고가 있었지만 우리 같은 사람 기 도를 시켜야 무슨 도움이 있었을까. 하나님의 뜻은 어디에 있는지 생각할수 록 모를 일이다.

아쉬운 헤어짐

 땅은 팔아놓고 이사도 못 가고 하니 우리 남편은 신경이 예민할 대로 예민해져서 집안에 바람 잘 날이 없었다.

1지구에 김에스더란 선생님이 연세가 많은 부모님과 이사를 왔다. 고향은 전라도 완도였고 따님이 신앙이 좋았다. 할머니는 몸이 불편하여 들일을 하나도 못 하시고 할아버지 혼자 밭일을 하셨다. 주로 고추 농사, 고구마 농사 등을 하셨는데 내가 고추밭에 가보았더니 고추가 많이 익어 밭이 빨갰다. 그래서 주인이 없어도 우리 집에서 마대를 가지고 가서 하루 종일 고추를 두세 가마를 따놓고 가지고 가시라고 연락하고, 고구마도 가을에 거의 다 캐어 주변에 한 가마씩 나눠 주셔서 농사한 것보다 더 많이 얻어먹었다. 그 집 할머니께서 나보고 '벙글이 집사'라고 이름을 붙여 주셨다. 매일 싱글벙글 웃는다고 붙이신 이름이었다.

또 4지구에 충청도에서 같이 이사 온 조해자 권사님이 계셨다. 부인 권사님은 믿음이 좋으시고 성가대도 하시는데 남편이 교회 나오시지 않았다. 남편 분은 기관지가 나빠서 항상 숨이 가쁘고 힘들게 농사일도 하시고 했다. 나는 그분을 전도하고 싶었는데 우리 집하고는 완전 반대 동네에 살고 계셨다.

하루는 저녁을 일찍 먹고 교회 앞을 지나 4지구까지 걸어서 그 권사님 집에 갔다. 남편 분을 강제로 끌어서 교회 모시고 오게 되었다. 내가 그 멀리까지 찾아가서 교회 가자고 하니 안 오실 수도 없고 해서 따라나섰다. 그런데 4지구서 교회에 가려면 오르막길을 지나야 한다. 남편 분이 기관지 천식이 있어 조금 오시다가 멈춰서고 몇 번을 그렇게 힘들어하셨다. 한편으로 미안하기도 하고 해서 마음속으로 계속 기도했다. 저녁예배에 조금 늦기는 했지만 함께 예배를 드리게 되었다. 그다음부터는 가끔 빠질 때도 있었지만 교회 열심히 출석하셔서 집사 직분 받고 충성하시다가 하나님께로 가셨다.

비록 교회는 경기도에서 7년밖에 안 되었지만 크고 작은 일들이 많았다. 우리 통합장로교에선 권사를 40세부터 세우는데 내가 그때 나이가 딱 40세였다. 봄이 되어서 이사를 가더라도 권사가 되어서 기도원을 하러 가야 한다고 권사 투표가 있었다. 3지구에 계시는 이옥순 집사님과 나, 두 사람이 권사 후보에 올랐다. 가을 교회창립주일에 취임식을 하기로 했다. 그런데 우리가 이사를 1986년 7월 13일에 가기로 날짜를 잡아놓은 상태였다. 한 2주 전부터 우리 동네 연세 드신 할머니 권사님과 같은 또래 집사님 두 분이 하루도 빠지지 않고 매일 우리 집에 오셔서 "장로님 떠나시면 우리는 어떡하냐"고 너무 서운해하셔서 정말 마음이 아팠다.

우리 남편은 나에게는 냉정할 때도 있고 무서울 때도 있지만 교회 식구나 남들한테는 한 번도 그런 적이 없고 남과 다툰 적도 없고 식구같이 자식같이 늘 그렇게 대했다. 남편과 내가 섬겼던 분들 중에 생각나는 분들 이야기를 잠시 해야겠다. 교회에 꼬부랑 할머니가 한 분 계셨는데 정신 이상이 된 딸 하나랑 둘이 살았다. 우리 교회 김동규 목사님이 강원도 영월 연하리 태백기도원 입구에 있던 연하리교회에서 우리 교회에 부임해 오실 때 그 할머니가 같이 오셨다. 목사님과 사모님이 너무 좋으셔서 경기도까지 따라오셨는데 내가 충청도에 있을 때 태백기도원을 여러 번 갔었고 우리 남편도 원장님과 통변사 최경자 권사님과 동창생이고 잘 아는 사이였다. 그래서 그분들이 태백기도원 있을 때 우리가 본 적이 있는 사람들이었다. 그래서 그들은 우리를 몰랐지만 우리는 알고 있는 분들이라 얘기했더니 매일 우리 집에 놀러오셨다. 우리 시어머니도 계시고 하니 우리를 목사님네보다 더 의지하고 살게 되었다. 정신 이상이 된 딸은 날이 갈수록 더 심해지고 몇 달 동안은 딸이 집을 나가서 행방불명이 되어 어머니 혼자 남아 죽을 고비까지 가게 되었다. 몇 달이 지나 경찰서에서 연락이 와서 딸을 찾아왔다. 우리 교회 믿음도 좋고 성품도 좋은 이희순 집사님(지금은 권사님)의 이야기다.

나는 그 시절에 그 할머니를 엄마같이 모시기도 하셨다. 딸을 용인정신병원에 입원을 시켜 놓았는데 한 달에 한 번씩 병원에 갈 때 내가 영락없이 모시고 가게 되었다. 차를 몇 번씩 갈아타고 가려면 하루 종일이 걸렸다. 할머니는 등이 얼마나 꼬부라졌는지 코가 정말 땅에 닿을 정도로 굽어 있었다. 차 시간이 촉박할 때면 내가 할머니를 업고 가기도 많이 했다. 화장실에 가서 소변을 보시고 속옷과 바지를 올려 드리는데 등이 너무 굽어서 옷을 올려 주기가 힘들었다.

할머니의 딸 이름이 정수지였는데 용인병원에 가서 내가 몇 시간씩 놀아주고 밥도 같이 먹곤 했다. 그분은 날 보고 "집사님, 여기서 나랑 같이 살자"고 말했다. 얼마나 외로우면 자기 엄마 보고는 그런 말을 안 하면서 나보고 같이 살자고 했을까. 지금은 살아 있는지 하늘나라 갔는지 모르겠다. 집으로 돌아갈 때는 식당에 들어가서 할머니와 식사를 할 때도 있었다. 나는 사실 몸으로만 봉사를 하지 물질로는 한 것이 없다. 그래서 음식을 먹고 그 할머니가 음식 값을 내면 사람들이 내가 할머니 딸인지 누군지는 몰라도 젊은이가 음식 값을 안 내고 노인네에게 내게 한다고 한 소리를 들을 때도 있었다. 또 평택 보건소에 할머니를 여러 번 모시고 갈 때면 만나는 사람들이 친정어머니냐 시어머니냐 묻곤 했는데, 아니라고 대답하면 그럼 동네 부녀회장이냐고 물어봤다. 할머니를 모시고 다니다 보면 이런 여러 말들을 많이 들었다.

남자가 하는 일은 남편이 하고 여자가 하는 일은 내가 하고, 이렇게 각자 섬길 수 있는 부분에서 봉사를 할 때면 마음이 정말로 기뻤다. 4지구 가는 길목에 최부식 할머니 권사님이 계셨는데 우리 남편은 그분의 아들이었다. 손볼 일이 있으면 무엇이든지 다 날을 잡아서 해주었다. 교회 권사님들 집사님들이 심방을 가서 예배 마치고 우리 남편이 우스갯소리로 "권사님 벽장에 있는 맛있는 것 다 꺼내놓으시라"고 하면 권사님은 기분 좋은 마음으로 다 꺼내서 우리를 먹이곤 하셨다. 지금 생각하면 그때가 너무 그립다. 그분들 중에는 이미 하나님께로 가신 분들이 많다. 우리 남편은 마귀에게 이끌려 나를 괴롭힐 때가 많았지만 다른 사람들에게는 참 잘했다.

나는 완전히 남자 성격이었고 남편은 오히려 여성스러운 데가 있었다. 간척지 논농사를 하려니 처음에 장비로 논을 만들어 놓고 사람이 갑바를 가지고 리어카처럼 만들어서 물을 논에 잡아넣고 높은 곳에 있는 흙을 낮은 곳으로 팟팟하게 굴리는 작업을 많이 했다. 바다를 막아놓은 것을 논으로 만들려니 옛날 그때만 해도 사람 품이 많이 들어갔다. 물속에서 힘을 써 일을 하다 보면 바지가 찢어지거나 터질 때가 있었다. 한 번은 내 바지가 너무 많이 찢어져서 일도 못하겠고 집에까지 갈 수도 없었다. 해서 우리 남편이 자전거를 타고 집에 가서 바늘과 실을 가지고 왔다. 그래서 꿰매 입고 일을 한창 했는데 또 다른 곳이 찢어졌다. 그래서 바늘 실을 찾으니 조금 전에 꿰매고 바늘을 어디에 두었는지 생각이 나질 않았다. 그래서 걱정을 하고 있는데 우리 남편이 모자를 벗더니 모자 창 옆단에 실을 챙챙 감아 바늘을 꽂아둔 것이 아닌가. 여자인 내가 남편에게 얼마나 미안하고 부끄러웠는지 모른다. 그래서 나는 종종 "당신과 내가 바뀌었어야 하는데"라고 말했는데 남편은 우리가 서로 바뀌었으면 아마 같이 못 살았을 거라고 했다. 이유인즉슨 당신이 여자라도 그렇게 덜렁거리는데 남자였으면 얼마나 더 덜렁댔겠냐면서 그러면 자기는 나랑 못 살았을 거라고 했다.

남편은 어려서부터 눈칫밥을 먹으며 살아왔기 때문에 시어머니 살아계실 적에 식사할 때 생선 반찬을 해놓으면 가시를 추려 살코기는 어머니 드리고 자기는 가시 부분을 먹고 그랬다. 그러다가 어머니 돌아가시니 아이들한테 그렇게 했고, 아이들이 다 커서 집을 나가니 이제는 아내인 나에게 그렇게 했다. 좋은 것은 아까워 자기는 못 먹는다. 과일을 먹어도 나는 꼭 좋은 것을 골라먹는데, 우리 남편은 나쁜 것부터 먹는다. 좋은 것만 먼저 먹으면 계속 좋은 것을 먼저 먹고, 나쁜 것을 먼저 먹으면 계속 나쁜 것만 먹게 된다. 이것이 진리인데 우리 남편은 첫돌 지나 친모가 돌아가시고 열세 살 때 아버지까지 돌아가셔서 자기는 좋은 것을 먹으면 안 되는 것으로 인식이 되어 그것이 습관이 되었다. 누구나 맛있는 음식이 있으면 식탐을 낼 만도 한데 남이랑 음식을 먹으면 항상 남을 배려하고 욕심을 부리지 않았다.

남편은 고기가 먹고 싶어도 늘 돼지 뒷다리살만 사서 두껍게 썰어 기계에 눌러달라고 했다. 그걸로 고추장 양념을 해서 구워먹고 볶아먹고 하다가 아이들이 오면 그때서 삼겹살을 사서 먹이곤 했다. 지금 생각하면 목살이든 삼겹살이든 먹고 싶은 걸 사먹고 살 걸 하는 생각도 든다. 평택에서 충청도 단양으로 오는 얘기를 하다 보니 왜 이렇게 사연이 많은지…우리 남편이 이런 마음으로 살다 보니 동네 사시는 여든 넘은 권사님, 집사님들은 진심으로 서운해했다. 자기네가 돌아가시면 우리 장로님이 거두어 줘야 하는데 하면서 자식과 헤어지는 것보다 더 서운해하셨다.

　권사 투표만 하고 이사를 갔다가 그해 가을 10월 창립주일에 가서 취임을 하게 되었다. 우리는 7월 13일에 이사를 갔다. 이삿짐 차, 교회 봉고, 자가용 3대를 해서 갔는데 동네 사람들과 교회 성도님들이 길에 나와 얼마나 우시고 서운해하셨는지 모른다. 차로 떠나니 냉정하게 떠나 왔지, 걸어서 나왔으면 발걸음이 떨어지지 않았을 것이다. 땅을 11월에 팔고 그 이듬해 벼가 피기 시작할 때 8개월 만에 이사를 가게 되었다.

03

하나님께서 베푸신 은혜

God has done deal

하늘 밑 첫 동네

막상 이사를 와 보니 살아나가기가 암담했다. 옛날 흙집을 집수리도 하지 않고 그냥 이사를 오게 되었다. 버스도 다니지 않고 걸어서 흙길 비포장도로 1킬로미터 정도를 걸어가야 버스를 탈 수 있는데, 아침 7시에 첫차를 타야 중고등학교를 갈 수 있었다. 겨울철에는 아침 7시가 되어도 날이 밝지 않았다. 동네에 집도 열 집밖에 없었다. 그런데 집집마다 자녀들이 7남매, 8남매 이렇게 많아서 우리 아이들 4남매는 자녀가 적은 축에 속했다. 평택에 살 땐 자녀가 많은 축에 속했는데 말이다.

장로님, 집사님들 몇 분이 우리가 이사할 때 따라오셨는데 그분들도 집을 보고 너무 기가 막혀 말을 못하셨다. 하늘 밑 첫 동네, 동네 이름은 월촌 혹은 달맞이. 산골 깊은 곳에 자리 잡은 집에다 집 꼴도 엉망이었다.

이사 온 그 이튿날 우리 남편은 집을 고치기 시작했다. 좁은 방은 벽을 헐어서 하나로 만들고 여기저기 손을 보아 어느 정도 살 수 있도록 했다. 막상 기도원을 하겠다고 오기는 했는데 우리 남편은 경기도 살 때 기도원만 지어

놓고 자기는 식구들이랑 같이 안 살고 따로 살겠다고 했었다. 이사를 가려고 땅을 팔아놓고 안 가고 있으니 큰아들과 큰딸은 이사를 갈 거면 어서 가자고 하고, 밑에 아이들은 그냥 평택에서 살고 싶다고 했다. 그래서 가족회의를 해서 시어머니와 나까지 이사에 찬성해 이렇게 오게 되었다.

오기는 했는데 기도원을 건축하려고 하니 허가가 나지 않았다. 1년 동안 아무것도 하지 못하고 가을이 되었다. 우리 남편이 신문을 보고 경남 어디에서 슈거푸룬이란 과일나무가 있다면서 차를 대절해 나무 80그루를 사왔다. 나무 한 그루당 2만 원을 주고 사왔다. 그때 쌀 한 가마에 4만7천 원 할 때였다. 그러니 얼마나 거금으로 심은 나무였겠는가. 밭은 두 뙈기가 있었는데 합쳐서 2천 평 정도 되었다. 천 평 밭에 거의 그 나무를 심었다. 슈거푸룬은 자두 과에 속하는 과일인데 3년 정도 지나야 수확을 본다고 했다.

그 이듬해 봄에는 잣나무 조림까지 했다. 우리가 처음 살던 고향에 평수가 꽤 되는 산이 있었는데, 소나무도 많이 있고 송이버섯 등 여러 가지 버섯이 많이 나는 산이었다. 그 산에 소나무를 허가를 내어 삼판나무를 다 베어내고 나면 군 산림청에서 잣나무를 무료로 준다는 소리를 듣고 인부를 많이 사서 삼판을 하고 산에 잣나무로 조림까지 마치게 되었다. 나무를 다 베어 산더미같이 쌓아놓았는데 그때 당시 나무가 시세가 없어 1년이 지나도록 팔리지 않고 다 썩게 되었다. 서울사람이 그 산을 끼워 주면 나무를 사겠다고 했다. 하는 수 없이 산을 얹어서 팔게 되었다. ✂

좌절된 희망

경기도에서 이사 올 때 집은 팔지 않고 왔고, 고향에도 논이 그냥 있었다. 남편은 기도원 지을 생각은 하지 않고 이것저것 자기가 하고 싶은 일만 끝없이 하기 시작했다. 경기도 집과 고향의 논, 산을 하나하나 다 팔아서 크게 하우스를 지어 돼지를 사서 기르기 시작했다. 나는 와서 기도원도 짓고 양로원도 시작할 희망과 꿈을 가지고 왔는데, 가지고 온 돈은 계속 쓰고, 정말 그때 그 마음은 누구에게도 말할 수 없었다. 내 마음은 하나님만이 아실 것이다.

기도원은 허가가 안 나 공사 사무실 하던 조립식 건물을 한 동 사서 허가 없이 임시로 기도원을 지었다. 나중에 허가가 나면 그때 제대로 잘 짓자 하면서 초라하게 시작하게 되었다.

기도원을 하면서도 돼지 기르고 슈거푸른 과일농사도 지었다. 3년이 되자 자두 같은 것이 거봉 포도색깔이 나면서 자루 같은 열매가 달렸는데 맛은 있었다. 그런데 그 과일이 사과같이 저장도 안 되고 비가 오면 살구같이 다 갈

라지고 누가 잘 사먹지도 않았다. 잘 팔리지가 않으니 쨈도 만들고 그것을 소진하기 위해 제천 충주 안 다녀본 곳이 없이 많이 다녔다. 경기도에서 교회 섬길 때 목사님이 심방 가자고 하면 단 한 번도 바빠서 못 간다고 한 적이 없다. 옛날 첫 은혜 받고 하나님께서 신유의 은사 주셨을 때 누가 아프다고 기도해 달라 하면 신바람이 나서 심방 다니고 기도해 주고 그렇게 해서 기적이 일어나면 믿음생활이 너무 행복하고 너무너무 감사해서 일터에서나 길을 걸어갈 때나 매일 하나님과 대화를 하면서 살아왔다. 그런데 막상 기도원을 하러 와서는 짐승 기르고 과일 팔러 다니고 군청, 보건소, 과일가게, 시장 안 가는 곳 없이 슈거푸룬을 가지고 팔러 다녔다. 그래서 군청 여직원들과 보건소 직원들이 나를 보고 슈거푸룬 아줌마라고 불렀다. 정말로 살고 싶은 마음이 없었다.

그래서 이런 것 다 포기하고 기도원만 하자고 하니 우리 남편 하는 말이 "당신네 형제는 참 이상해. 왜 예수만 믿고 먹고 살려고 하느냐"고 "기도원을 해도 내가 먹을 것과 자녀교육은 내 노력으로 해야 한다"고 했다. 무엇이든 사람들에게 팔려고 하면 자연히 굽실거리고 고개를 숙여야 한다. 자연히 기가 죽고 굽실거리게 되면서 영권도 믿음도 다 떨어지게 된다.

기도원 사역

기도원은 1년간 부흥회를 여름 겨울 두 차례씩 하다가 나중에는 여름에는 한 달 내내 할 때도 있었다. 유명 목사님도 많이 오셔서 부흥회를 이끌어 주셨다. 과일이고 가축이고 다 해보았지만 잘 되지 않아 과일나무도 다 베어 내고 돼지도 안 기르고 했지만 결국은 사슴을 또 길렀다. 기도원도 농사도 가축도 다 잘될 리가 없었다. 무엇이든 한 가지를 성공적으로 해야 하는데 마음처럼 되지 않았다.

한 번은 일본에서 들여온 가지씨앗을 군청에서 주면서 일본하고 계약재배를 해서 가지농사를 해보라고 했다. 우리는 큰 밭으로 하나 심어서 가지를 재배해 따서는 기계 벌크에다 말려서 엄청나게 만들어 놓았지만 수출이 되지 않았다. 교회 사람들과 기도원에 오는 사람들에게 나누어 주어도 줄어들지가 않아 경기도 포천에 있는 할렐루야 기도원이 좋은 일을 많이 한다고 해서 100키로 되는 마대로 하나를 부쳐 주었다. 그랬더니 할렐루야 기도원 원장 김계화 씨가 본인이 쓴 책을 열 권 보내와서 내가 한 권 읽고 나머지는 기도원에 오는 분들에게 나누어 주었다.

또 흑돼지로 느티 이수호 목사님께서 무료로 큰 어미돼지를 세 마리나 주셔서 돼지 집을 크게 짓고 길렀는데 새끼를 가져 출산만 하려고 하면 출산을 못하고 죽어 버리곤 했다. 사료 값만 많이 들어가고 한 마리도 성공하지 못했다. 슈거푸룬도 많이 소진이 안 되고 음료수를 만들어 보려고 음료수 공장 몇 군데에 가 보았지만 대량으로 수확이 되어야 계속 만들지 조금 가지고는 시작도 못한다 했다. 그래서 그것으로 잼을 만들었더니 아주 맛이 좋았는데, 얼마나 많이 만들었는지 그때 손가락 관절에 이상이 와서 지금도 손가락이 다 망가져서 못생긴 손가락이 더 이상해졌다. 잼은 팔기도 하고 선물로 거의 나갔다.

농사도 하고 여름 겨울이 되면 기도원 부흥회도 은혜 가운데 하게 되었다. 내 큰 동생 권주식 목사도 강사로 몇 번 와서 부흥회를 인도하고, 기도원 앰프 시설도 해주고 찬송가 괘도도 직접 친필로 써서 가져다주고 화요기도회 전단지도 거금을 들여 준비해 주고 나름 많은 협조를 해주었다. 부흥회 할 때마다 교회 권사님들과 여전도회에서 몸이 아픈 환자들을 많이 보내주어 수련회에 왔다. 우리 아버지 어머니는 단 한 번도 거르지 않고 쌀과 많은 물품들을 준비해서 도움을 주셨다.

둘째 동생 권규훈 목사도 우리 기도원에 차가 없을 때 자기 교회 봉고차를 가지고 와서 하루에 단양 시내를 6번에서 많게는 7번까지 운행하고 찬송 인도도 많이 해주었다. 한 번은 친구 전도사님들을 네 명이나 모시고 와서 돌아가며 찬송 인도도 하고, 집회 마지막 저녁이면 철야예배를 드렸다. 생각하면 그때가 참 은혜로웠다.

부산에 있는 셋째 동생 권오달 목사도 부흥회를 인도하고 넷째 동생 권주광 목사, 지금은 서울 상도동에서 사역하지만 그때는 부산에서 목회할 때였는데 그 교회 장로님들, 동생 장인 장모님, 교회 분들이 일곱 분이나 와서 함께 은혜를 나누고 여행도 하면서 부흥회를 했다.

그러면 나는 한 주간의 식단을 다 짜놓고 최대한 음식을 맛있게 해서 오는 분들에게 대접했다. 각 교회 권사님들, 여전도회에서 와서 식사 때마다 너무 즐겁게 식사를 하고 또 집회 시간 때는 은혜를 풍성이 받았다. 세 끼 식사만 주는 것이 아니고 감자, 옥수수, 감자부침 등의 간식도 만들어 주었다. 나는 어차피 은사자로 쓰임도 아직 못 받고 있었고 기도원 원장도 남편이었기 때문에 음식을 맡았다. 음식 하는 것이 내 취미고 누가 내가 한 음식이 맛있다고 하면 행복하고 기분이 너무 좋아 정신을 못 차린다. 지금 우리 교회 허강대 목사님은 나에게 단양 시내 나와서 음식점을 차리라고 하실 정도였다. 경기도 살 때는 수원 서둔교회 임경학 목사님이 식당을 하면 많이 도와줄 테니 하라고 하고, 동대리에 있을 때 아주 젊었을 때였는데도 권주식 목사가 대구에 와서 반찬가게를 하라고 했다. 그런데 지금까지도 그 일은 한 번도 하지 못했다. 음식 얘기가 너무 길어졌다.

부흥회 기간에 강사님 식사대접을 하는 성도님들이 있다. 나보고 강사님, 원장님, 권사님 다 같이 가자고 해도 난 한 번도 같이 가지 않았다. 그냥 밖에서 먹지 않고 집에서 온 성도님들이나 친척들과 다 같이 식사하는 것이 좋았다. 내 형제가 9남매에다 고모네 육촌 칠촌 아저씨 아주머니까지 동네에 친척이 거의 반이었다. 강사님 따라 식당가는 것보다 기도원 밥이 더 좋았다. 각 교회 나이 많은 권사님들 6명 정도 기도원에 자주 오시는 단골여종들이 있었다. 그분들이 집에 가서 자식들과 며느리들에게 얼마나 기도원 권사님 자랑을 했는지, 그 며느리들이 나를 만나면 얼마나 음식을 맛있게 하시길래 시어머니들이 그렇게 자랑을 하시느냐고 묻곤 했다. 부흥회를 마치고 목요일 아침을 먹고 나면 기도원에서 빙글빙글 돌면서 춤을 덩실덩실 한참을 추신다. 너무 기쁘고 행복하시고 기분이 좋단다. 나를 꼭 안아주시면서 그렇게 좋아하셨다. 적성 기동교회 계시는 김백옥 권사님, 가대리에 있는 가대교회 권사님, 우리 교회 이언년 집사님, 이분들이 우리 기도원 단골멤버들을 모시고 이 골짝 저 골짝 우리 봉고차에 태워서 많이 다녔다. 남편과 나는 그분들을 모시고 가는 것이 마치 천국을 맛보는 것처럼 기뻤다. 집회 기간에 음료수 들어오는 것이 있으면 큰 교회 권사님들은 안 드리고 작은 교회 권사님에게만 교회 담임목사님들 갖다 드리라고 드렸는데 너무 기뻐하시고 좋아하셨다. 그래서 다음 집회 때가 되면 목사님께서 그 권사님들을 모시고 오실 때도 있었다.

화요기도회 때도 단양 지역의 목사님들을 모시고 화요집회를 했다. 그렇게 오래 하지는 못했지만 각 교회 목사님들을 차례로 모시고 집회를 은혜롭게 하고 사례비는 3만 원으로 정해서 드렸다. 아주 어렵고 왜소해 보이는 목사님에게 우리가 그 당시 키우던 토종닭을 잡아 드린 적도 있었다. 기도원은 남이 볼 때 크게 성공적이지는 못했지만 나름 좋은 일을 하면서 요즘 유행어처럼 '착한' 기도원으로 '착한' 모습을 많이 행하며 하나님이 기뻐하시는 사람이 되려고 노력했다.

기도원을 하려면 기도원 원장님이 자체 기도회를 하고 믿음과 성령으로 충만해서 기도원에만 집중을 해야 하는데 남편이 계속 농사짓고 가축 기르고 하다 보니 기도회가 그렇게 오래 가지 못했다.

나는 복받은 사람

한 해에 몇 차례씩 부흥회와 여름 학생 수련회를 하게 되었다. 서울에서 중고등부 수련회를 오면 우리는 원장님은 장로님이고 나는 권사라고 소개한다. 그런데도 학생회 부장 장로님께서는 말할 때마다 '아주머니'라고 부르며 말을 불쾌하게 할 때가 많았다. 한 번은 햇감자를 아직 한 번도 캐어 먹지 않았을 때 우리 학생들 먹여야 한다고 감자를 캐내서 삶아 달라고 간곡히 부탁한 장로님이 있었다. 그래서 감자를 캐어 삶아 주었는데 가는 날 감자 값도 주지 않고 인사도 없이 그냥 가려고 했다. 내가 쫓아가서 달라고 했더니 그제야 주었다. 나는 감자를 그냥 줄 수도 있었지만 그렇게 경우 없이 행동하니 그냥 지나칠 수가 없었다. 이 산속에 살다 보면 도시 사람들이 와서 우리를 낮게 보고 가벼이 여길 때가 있다. 반면 아주 예의를 갖춰서 대해 준 사람들도 있었다. 어떤 청년부에서 왔을 때는 식사 때마다 음식을 식판에다 차려서 원장님과 나에게 먼저 갖다 주고 식사를 하신 분들도 있었다. 매 끼니마다 그렇게 하니 정말 그것도 너무 감사하면서 죄송하기까지 했다.

그러나 대부분은 마음이 상할 때가 많았다. 큰 교회서 중고등부 팀이 왔는데 교사와 집사님들이 와서 2박 3일을 있다가 갔다. 그런데 무슨 음식이든 과일이든 우리에게 나눠 주는 법이 없었다. 식사 때가 되어 남편과 내가 식사하는 것을 보더니 한 여집사님이 "이런 데 살아도 해먹을 것은 다 해 먹네" 이렇게 말을 했다. 그 순간 너무 실망스럽고, 어떻게 사람들이 저렇게 밖에 말을 못하나, 우리도 남들 사는 동네서 살다가 하나님 명령받고 이 산골에 와서 살게 되었는데, 그런 생각이 들어 그분들이 돌아간 날 밤에 기도원에 들어가 기도를 하기 시작했다. 기도라기보다 하나님께 일러바치고 싶은 마음에 하소연하는 기도를 했다. 그랬더니 하나님의 성령께서 내게 주시는 말씀이, "종이 주인에게 무슨 이유가 있느냐. 이것보다 더 큰일, 더 억울한 일도 있을 텐데 종이 무슨 이유가 있느냐." 그렇게 세미한 음성을 들려주시면서 "내가 너를 사랑하는데 사람들의 관심과 인정받는 것이 그렇게 중요하냐" 하셨다. 나는 감사의 기도와 찬송이 터져 나오면서 마음에 기쁨과 은혜가 충만해졌다. 우리가 사람한테 상처 받는 것이 있어도 사람에게 위로받으려고 하지 말고, 후히 주시고 꾸짖지 아니하시는 그 하나님 아버지 앞에 부복하여 기도하면 하늘의 기쁨이 땅 위의 기쁨과 비교도 안 되는 은혜를 체험하게 된다. 그 뒤로부터 누가 뭐래도 사람에게 서운함을 느끼거나 실망하지 않고 살고 있다.

미국의 대통령, 우리나라 높은 분들, 돈 많은 분들, 세계 각국의 유명한 분들이 믿는 하나님이 내 하나님 내 아버지신데 이 얼마나 행복하고 신나는 삶인가. 그럼에도 불구하고 하나님은 나에게 너는 나의 장자라 하셨으며 맏아들 예수님은 내 친구, 내 혈육이다. 혈육 중에 형제보다 더 가까운 혈육은 없다. 그리고 누구에게도 못하는 말을 친구에게는 한다. 옛말에 무엇을 팔아 친구를 산다고 했다. 아버지 하나님과 예수님은 제일 알기 쉬운 말로 우리에게 비유로 말씀하시고 알려주셨다. 이 땅위에 잠시 왔다가는 인생이지만 영원히 살 수 있는 그 하늘나라를 기업으로 받을 텐데 우리가 하나님 아버지께 해

드린 일이 뭐가 있을까. 정말 없지만 아버지 하나님께서 아낌없이 주시는 그 크신 사랑을 생각하니 너무 기쁘고 황홀하기까지 하다.

내가 어떤 곳에 사는지 사람들이 안다면 이해가 안 가겠지만 나는 여기가 너무 좋다. 그래서 교회서나 누가 불만이 많고 인생 다 산 것처럼 실망하면 내가 사는 것을 와서 보라고 한다. 남들이 볼 때 행복할 것도 만족할 것도 없어 보이지만 매일 싱글벙글 웃음이 나와서 웃으며 산다. 이것이야말로 하나님의 은혜가 아니고 무엇이겠는가. 우리 남편이 첫돌 지나고 엄마 돌아가시고 할아버지 젖을 빨며 할아버지 배 위에서 엎드려 잠을 자고 크다가, 할아버지가 일곱 살 때 돌아가시고 세 번째 어머니가 들어오시고 아버지는 남편이 열세살 때 돌아가셨다. 세 번째 들어오신 어머니 식구들과 살아오다가 스물 다섯에 나랑 결혼해서 8년 만에 첫아들 얻고 충북에서 경기도로, 경기도에서 다시 충청도 단양 천동리에 와서 기도원 하면서 농사하고 가축 기르고 그렇게 살아도 행복할 때도 있었다. 그래서 내가 하루는 "당신은 어렸을 때 늘 불쌍하게 살다가 나같이 복 많은 사람 만나서 이제 행복하지요" 했더니 그 순간에는 그냥 별 반응이 없이 지나가더니 무거운 등짐을 지고 힘이 든 일이 있을 때마다 "아 복 많은 년 만나 복이 터졌네. 돈 복은 복이 아니고 일복만 터졌다"고 몇 차례나 얘기를 했다. 한 말을 주워 담을 수도 없고 그렇게 매번 당했다.

정말 나는 복을 많이 받았다. 아들만 있는 집, 또 어떤 집은 딸만 있는 집, 아니면 아빠가 없거나 엄마가 없는 집이 있지만 우리는 있을 것이 다 있다. 8년 동안 붙어 있던 애도 못 낳는 년이라는 딱지도 떨어져나갔다. 인생살이 마음먹기 달린 것 같은데 우리 남편은 지게 지는 것, 겨울에 동네길 눈 내리면 버스 다니는 데까지 눈 쓸어내는 일, 이런 것을 너무 힘들어했다. 나는 눈 쓰는 일도 재미있어서 하나님의 솜씨, 하나님의 섭리 모두가 재미있었다.

감사의 인사

내가 충청도로 오자고 했다고 구박도 많이 받았다. 남편은 이제 경기도에서 땅 팔아온 돈이 20만 원밖에 없다고 했다. 그래서 나는 "아직까지도 20만 원 남았어. 나는 벌써 다 쓴 줄 알았는데 아직도 20만 원이나 남았냐"고 했더니 나랑은 말이 안 통한다면서 더 이상 아무 말도 하지 않았다. 정말로 돈을 잃는 것은 조금 잃은 것이고 명예를 잃는 것도 조금 잃은 것이고 건강을 잃은 것은 다 잃은 것이라 했는데, 돈이 제일 쉬운 일이 아닌가. 구하면 주신다고 했는데 없으면 하나님께서 주시겠지 설마하니 굶어 죽기야 하겠는가. 이곳에 와서 단 한 번도 쌀이 없어 밥을 못한 적이 없다. 정부미 쌀이라도 늘 풍족하게 있었다.

우리 남편이 그 후에 몇 달인지 몇 년인지 잘 기억은 안 나지만 "정말 아직도 돈이 5만 원이나 남아 있다"고 말을 했는데 그때는 그 말이 무슨 뜻인지 몰랐다. 그런데 생각하니 오래전에 내가 "아직 20만 원이 남아 있네"라고 한 말이 기도원 원장님이 되어서 조금 부끄러웠는지 찔렸는지 그 말을 한 번 그렇게 짚고 넘어간 적이 있었다. 그 뒤로도 돈을 쌓아 놓고 통장에 많이 넣어 두고는 못 살았지만, 그래도 자녀들 공부 시키고 남들에게 돈 꾸러 다니지 않고 오늘까지 잘 살아 왔다.

자녀들 4남매 고등학교 때까지 매일 도시락을 쌌다. 정부미 쌀로 밥을 하면 정말 밥이 힘이 없고 색깔조차 검은 색이 난다. 그래도 건강 주시어 그런 밥도 맛있게 먹었다. 그런 쌀을 나는 한 끼도 안 빼고 성미를 꼭 떠 가지고 가서 교회 주일날 성미통에 부었다. 성미부장 집사님이 정부미 쌀이랑 일반미가 얼마 차이가 안 나니 좋은 쌀을 사 드시라고 몇 차례 일러주었다. 우리를 생각해서 한 말인데 내가 든 성미를 교회 성미통에 부으면 모든 쌀을 다 버리게 되었다고 생각하는 것 같아 마음이 불편했다. 그래서 내 마음이 늘 미안했는데 그런 말을 몇 번 듣고 나니 더 이상 성미 뜰 마음이 안 생겨서 그 뒤로부터 지금까지 성미를 뜨지 않는다. 지금은 교회 전체가 다 돈으로 하고 있다. 여러 집 쌀을 모아서 한 달에 한 번 드리고, 여름이면 벌레가 나서 물질로 대신하니 아주 깔끔하고 서로 편하다.

정부미 밥만 매일 먹다가 평택 홍광교회 섬기는 박승문 장로님, 이향숙 권사님께서 매년 경기미 농사지은 쌀을 몇 년 동안 한 가마씩 택배로 보내주셨다. 정말 정부미로 도시락 싸고 그렇게 먹다가 경기미를 먹으니 반찬이 없어도 맛있고 입속에 밥을 넣으면 그냥 행복해서 자꾸 웃음이 나고 말도 많이 하게 되었다. 아침에 도시락 쌀 때만 써야 하는데 가끔은 저녁에도 경기미로 밥을 했다. 그때만 해도 우리 시어머니가 살아계셔서 그 밥을 얼마나 맛있게 드시는지 저녁밥 맛있게 드시고 밤에 잘 주무시라고 그렇게 했다. 그러면 우리 막내아들이 "저녁에 또 좋은 쌀로 밥을 했어? 아침에만 하지, 아깝잖아" 그랬다. 그 어린 것이 그런 말을 할 때 내가 너무 미안하고 남편 보기에도 눈치가 보였다. 그 아들이 지금 35세 안산동산교회 나성주 부목사다. 진심으로 평택 홍광교회 박승문 장로님, 이향숙 권사님 감사합니다. 사랑합니다. 하나님의 축복과 성령충만 하심이 자손만대까지 영원하시기를 기도드리겠습니다.

잊지 못할 목사님

또 잊지 못할 분을 소개하려고 한다. 충주중부교회 시무하시던 장시천 목사님이다. 그 목사님께서 한 15년 전에 단양에 오셔서 기도원을 물으니 우리 벧엘 기도원을 누가 알려주셨다면서 어느 날 우리 기도원에 오셨다. 목 디스크가 있어 뒤로 돌아보려면 로봇처럼 몸 전체를 돌아봐야 했지만, 키도 크시고 겉으로 보기에는 꼭 형사 같으신 분이었다. 그렇게 온 것이 인연이 되어 우리하고 마음도 믿음도 잘 맞아서 우리 남편에게 형님이라고도 부를 정도가 되었다.

장시천 목사님은 단양교회 허강대 목사님이 한국치유상담연구원 교수로 있을 때 박사과정에 등록한 학생이었다. 그래서 단양에 가끔 다니러 오셨는데 그때마다 뒷좌석에 우리 부부를 태우고 자기는 기사라 하면서 단양에 있는 유황온천에 우리를 데리고 다니기를 기뻐했다. 한 해 두 차례씩 봄가을로 오셔서 일주일씩 글을 쓰시곤 했는데 장인 되시는 목사님도 충주 지역 감리사님이시고 그 사위 목사님도 감리사고 그랬었다. 그런데 그 목사님도 아들을 16년 만에 얻었다고 했다. 그래서 처음 오신 날 그 말씀을 듣고는 나도 햇수로 9년째에 아들을 낳았다 하니 16년이나 9년이나 속 끓이기는 마찬가지라고 했다. 그래서 교인들이 백일 예배나 첫돌 예배 드려 달라고 할 때 제일 짜증이 났다고 했다. 교인들이 눈치가 없다면서 '내가 지금 그런 예배드리게 생겼냐' 하시며 농담 반 진담 반 재미나게 말씀하시곤 했다.

내가 이 목사님을 소개하는 이유는, 우리 집에 오시면 권사님이 하신 음식이라면 정부미 밥도 맛있다 하시면서 너무나 잘 드시던 모습이 기억에 남아 있기 때문이다. 그 밥이 무슨 맛이 있었겠는가. 우리가 먹으니 기쁜 마음으로 함께 드셨을 것이다. 그래서 우리 집에 오실 때 가끔 좋은 쌀을 한 가마 사오시고 생선 향어도 두 마리씩 사와서 좋은 쌀로 밥하고 향어 매운탕을 끓여서 세 명이 둘러앉아 식사를 했는데 임금도 부럽지 않은 기분이었다.

한 번은 충주 계실 때 중부감리교회 사택에 갔었는데 음식을 진수성찬으로 차려놓고 우리 부부를 초대하셨다. 그래서 식사를 맛있게 감사하게 먹고 충주파크호텔 온천으로 우리를 데리고 갔는데, 목사님이 잠깐 걸어올라 가면서 이쑤시개를 하나 주면서 여기서 이를 쑤시라고 했다. "권사님, 우리가 여기서 이렇게 이를 쑤시면서 올라가야 여기서 밥 먹고 나온 줄 알지, 누가 집에서 밥 먹고 온 줄 알겠냐" 그러면서 농담도 잘하셨다. 회원권이 있어 거기를 갔는데 그때 마침 사람이 별로 없었다. 남탕 여탕 따로 들어가면서 "권사님, 천국에서 함께 살 건데 지금부터 탕에도 같이 들어가자"고 하시며 말씀마다 참 재미있게 하셨다. 내 나이보다 한 살 아래인데 자기 49세, 나는 50세 때 목사님께서 하시는 말씀이 "권사님은 오십 대, 나는 사십 대" 이렇게 놀리고, 당신이 조금이라도 어른스러운 말을 하면 "권사님, 내가 이렇게 점잖은 말을 하니 오빠 같지요" 그러면서 시간만 나면 놀려먹었다. 그러면 우리 남편은 재미있어 하면서 소리 없이 웃곤 하셨다.

허강대 목사님을 통해서도 장 목사님의 유머러스한 면모를 전해들은 적이 있다. 한국치유상담연구원 박사과정 첫 강의 시간에 장 목사님은 허 목사님에게 이렇게 말했다고 한다. "교수님, 저는 예수님이 오셔도 고개 못 숙입니다. 제가 곧은 목이거든요. 그렇지만 목사님은 교수, 저는 제자. 하하하!" 이렇게 분위기 조성을 잘 하셨다고 한다. 또 장 목사님은 원주 봉산감리교회를 담임하시다가 영월대교회로 부임하셨는데, 부임 후 허 목사님에게 전화를 해서 "교수님, 제가 영월대~교회로 왔습니다" 하시더란다. 그래서 허 목사님이 "무슨 교회 이름이 대~교횝니까? 겸손하지 못하게, 정말 큰 교횝니까?" 했더니, 장 목사님이 "저희 교회는 개척 때부터 대~교횝니다. 하하!"라고 했다고 한다.

그런 목사님께서 원주 봉산감리교회 부임해서 몇 년 계시다가 영월에 있는 대교교회에 가신지 몇 년 만에 목 디스크 수술을 하고 나서 얼마 안 돼 돌아가셨다고 했다. 목사님 못 뵌 지 몇 년 되었을 때 돌아가셨다는 소식만 전해 듣고 우리 부부는 너무 서운했다. 아프실 때 우리 부부가 찾아가 뵈었으면 얼마나 반가워하셨을까. 그랬다면 우리 마음도 이렇게 아프지는 않았을 텐데… 나중에 하늘나라에 가면 꼭 목사님 찾아뵙겠습니다. 사모님도 어디 계시는지 모르는데 사모님이라도 꼭 만나 뵈었으면 좋겠습니다. 목사님이 입양한 딸 이름 예진, 아들 이름이 성이, 우리 딸 이름은 혜진, 아들 이름이 성주. 그래서 우리더러 큰집, 작은집 하자고 목사님께서 그렇게 말씀하셨는데 보고 싶습니다.

존경하고 좋아하는 분들이 이제 다 고인이 되어 하늘나라 가신 분들이 많다. 부흥회 할 때마다 단골로 오시던 권사님들도 하늘나라 가신 분들이 많다. 하긴 내가 40세에 여기 단양에 왔는데 28년이란 세월이 흘렀고 강산이 세 번이나 바뀌었다.

가정에 주신 축복의 열매

이곳 단양에 와서 기도원을 하게 되어 매년 부흥회를 했다. 그때 영적으로 신령한 강사님, 산기도도 많이 하시고 체험이 많으신 목사님이 계셨다. 고인 되신 친정어머니께서는 옛날 분이시라 한글을 모르셔서 나는 죽어도 천국에 못 가신다면서 늘 실망을 하셨다. 그런데 어머니는 그 부흥집회 때 밤 집회 마칠 무렵 10시 경 입신을 해서 새벽 2시경까지 4시간을 하늘나라에 갔다 오셨다. 입신을 하는 분을 본 적이 있지만 가만히 누워 있는 것만 보았는데, 우리 엄마는 입신하고 한참을 지나더니 예수님께서 안경을 벗으라고 한다면서 쓰고 있던 안경부터 벗으시고, 예수님이 먼저 말씀을 하시면 우리 어머니께서 또 답변을 하시고, 지금은 지옥을 보여주신다면서 눈물을 비처럼 쏟으면서 저 사람들 너무 불쌍하다면서 불 못에서 얼마나 뜨거우냐고 하시며 우셨다. 지금 거의 25년 지나 자세한 내용은 생각나지 않지만 마지막엔 예수님이 금 나팔을 주시면서 너는 세상에 나가 복음의 나팔을 불라고 하셨다면서 정말 손을 입에다 대시고 고개를 이쪽저쪽으로 돌리면서 나팔을 너무 신나게 부셨다. 몇 사람들이 모여서 그 모습을 바라보고 은혜를 함께 받으며 기뻐했다.

울산 번영로교회 둘째 동생 권규훈 목사님이 그때 친구들 몇 분을 데려와서 차 운행도 해주고 찬송 인도도 했는데, 조산소를 하고 있던 부인 사모에게 빨리 단양 기도원 집회에 올라와서 엄마 입신하는 모습을 보라고 해서 울산서 올라와서 지켜보곤 했다. 그다음날 밤에도 입신을 해서 집회 기간 동안 2번이나 입신을 하셨다. 자식 한 사람 한 사람 위해서도 보여주셨다면서 말씀했다. 조산소에서 사모님이 아기 받는 모습을 보여주시는데 사모가 아기 받는 것이 안 보이고 두 천사가 산모 양쪽에 앉아서 아기를 받더란다. 체험하지 못한 사람들은 안 믿어지고 그런 거 다 잘못됐다고 그러겠지만, 지켜보는 우리로서는 신기하고 놀라웠다. 칠십이 넘은 노인네가 거짓말을 하겠는가. 보여주신 대로 말씀을 하고 여러 사람이 지켜보았다. 다음 날도 4시간 이틀 밤마다 그렇게 해서 집회가 너무 뜨거웠다.

어머니가 표현은 잘 못하시지만 간증도 하시고 그 뒤로부터는 글을 몰라 지옥 가신다는 말씀은 한 번도 하신 적이 없다. 기도도 장시간 많이 하시고 확신 있는 신앙생활을 하시고 교회, 아들 목사들, 나라와 민족을 위해 기도 많이 하시다가, 2010년 10월 13일 83세로 하나님께 부르심을 받고 가셨다. 우리 친정집에는 할아버지와 아버지가 우상을 많이 섬겨, 앞에도 기록했듯이 은혜 체험도 많고 하나님의 역사로 주의 종이 많이 배출되어 어제까지 우리 가정에 목사가 11명이 탄생되었다.

울산 번영로교회 권규훈 목사의 둘째 딸 신랑이 2014년 10월 13일에 목사 안수를 받았다. 어제가 우리 어머니 추도식이었는데 자손 열한 번째 손자사위가 목사 안수를 받은 것이다. 우리 아버님 어머님 9남매의 열매에서 목사가 열한 명이 탄생되었다. 큰 축복이 아닐 수 없다. 한 노회가 탄생된 것 같다.

그러나 우리 가정엔 아직도 우상의 세력, 악령의 뿌리가 완전히 뽑히지 못해서 사역에 어려움이 너무 많다. 감리제단에 김국도, 선도, 홍도 목사님 가족은 삼형제라도 한국에 명성을 떨치고 지금까지도 하나님 영광을 올려드리는데, 우리는 더 많은 기도하고 겸손하고 낮아져야 한다. 마귀는 우리 생각과는 완전히 다른 세계로 우리를 유혹하고 교만케 해서 거꾸러뜨리려고 호시탐탐 엿보고 있다. 교만은 패망의 선봉이요 넘어짐에 앞잡이라 했는데 날마다 나를 죽이고 깨어서 기도해야 한다. 우리의 뿌리와 근본을 생각하면 잘난 것도 자랑할 것도 내어놓은 것도 아무것도 없다. 하나님과 예수님 앞에 두렵고 떨리는 마음으로 서는 것밖에 아무것도 없다. 하나님의 자녀된 것만으로도 너무 감사한데, 사역자로 중직으로 부르심 받고 하루하루 숨 쉬며 살아가는 삶이 얼마나 귀하고 감사한 일인지 지금도 나는 눈시울이 뜨거워진다.

후회의 찬양경연대회

한 해 한 번씩 11월이면 감사주일이 어김없이 온다. 우리 교회는 여전도회가 5여전도회가 있는데 그중 막내 마리아 여전도회에서 매해마다 추수감사주일 오후 예배로 찬송경연대회를 한다. 참가팀에게는 한 팀당 1만 원씩 참가비를 받는다. 그래서 은혜롭고 큰 축제로 하나님께 영광을 올려드리곤 했다. 지금으로부터 6년 전 2010년 추수감사주일날 일어난 일을 지금 기록하려고 한다.

그날 11시 감사주일 예배를 은혜 가운데 잘 마치고, 오후 2시 찬양 예배 시작하기 직전 우리 남편이 갑자기 나보고 오후 찬양 예배에 나가서 하모니카 연주를 하겠다고 했다. 그래서 내가 아침까지 찬양하겠다는 말 한마디 하지 않고 신청도 안 하고 연습도 안 하고 있다가 갑자기 웬 하모니카 찬양이냐고 반대했다. 내년에 준비해서 하라고 말렸지만 그래도 하겠다고 끝까지 고집을 부렸다. 그래서 나도 끝까지 말렸다. 몇 년 전에도 한 번 나가서 했는데 마음 같지가 않고 숨이 차고 잘 안 되어서 교회 성도들이 많이 웃었다. 교회에서 좀 못하면 어떠한가. 더 은혜롭고 좋을 수도 있는데, 등록은 안 했어도 1번 찬조출연도 있었는데, 나는 끝까지 못하게 했다. 남편이 단념하고 알았다 하면서 뒤돌아서는데, 그 순간 내 머리에 스쳐 가는 생각이 '내년에 못할지도 모르는데 하라고 그냥 둘 걸 그랬나' 하는 마음이 들면서 가슴이 뛰기 시작하는데 견딜 수가 없었다.

2층 로비에서 얘기를 하고 남편은 본당으로 들어갔는데, 나는 마음이 진정되질 않아 아래층 식당으로 내려갔다. 거기에 마리아 회장님이 아기를 데리고 있었다. 그래서 내가 금방 있었던 일을 얘기했다. 그랬더니 마리아 회장님도 "그럼 내년에 준비해서 하라고 하세요" 그랬다. 내 욕심에는 "못해도 괜찮으니 그냥 하라고 하세요" 그 소리가 듣고 싶어서 말을 꺼낸 건데 그렇게 되었다. 시간이 있으니 내가 다시 남편에게 그냥 하시라고 했어도 되었을 텐데, 결국 말하지 못하고 찬양 예배 시간 내내 편치 않은 마음으로 앉아 있었다. 어쩐지 미안하기도 하고 불안하기도 했다.

가을이 지나고 추운 겨울도 지나고 꽃피는 2011년 4월이 되었다. 온 산과 들에 벚꽃과 여러 가지 꽃들이 만발한 4월 11일 봄 노회가 시작되었다. 충청노회의 봄 노회에 다녀와서 우리 남편은 그다음 날 12일 72세로 하나님의 부르심을 받고 하늘나라로 가셨다. 2011년도 가을 추수감사주일을 그렇게 맞이하지 못하고 떠난 것이다.

우리가 지금 건강하게 살고 있다 하더라도 우리 삶이 언제 어떻게 될지는 아무도 모른다. 하루하루 후회 없는 삶을 살아야 하는데 하루를 살고 보면 후회할 일이 너무 많다. 남편이 떠나고 2012년도 가을 추수감사주일을 한 달 남겨놓고 주일예배 날 목사님께서 광고시간에 추수감사주일이 4주 남았으니 찬양을 많이 신청해서 은혜로운 찬양 예배가 되길 바란다고 광고하셨다. 나는 남편 생각이 나 여러 가지로 심란해서 견딜 수가 없었다. 1년 전 일어난 그 사실을, 나만 알고 하나님만 아시는 이 일을 내가 알려야 되지 않을까 하는 생각이 들었다. 그다음 주일날 참가비 1만 원을 주고 마리아 회장에게 지난해 그 얘기를 했더니 자기도 그 생각이 난다고 했다. 그래서 나는 찬양이라기보다는 그 사실을 모든 사람에게 알리고 나처럼 그런 실수와 후회하는 삶을 살지 말라고 해야겠다고 말했다.

3주 후 추수감사주일이 되어 오후 예배 찬양경연대회 시간이 되었다. 내 차례가 되어 앞에 나가 지난 일들을 간증하게 되었다. 그대로 빠짐없이 다 설명을 하는데 눈물이 앞을 가렸다. 그렇다고 찬양도 안 하고 그냥 들어올 수도 없고 해서 찬양을 했다. 평소 우리 남편이 복음성가 중에 "낮엔 해처럼 밤엔 달처럼" 하고 "천사의 말을 하는 사람도" 두 가지 찬양을 즐겨 불렀다. 기도원에서 주일마다 오전 9시 예배를 정성을 다하여 한 시간 드리고 10시 20분에 교회에 간다. 주일날이면 십자가 종탑에 차임벨이 있는데 그 차임벨을 울려놓고 끝날 때까지 피아노를 치며 "낮엔 해처럼" 그 찬양을 꼭 연주하고 차임벨 찬양이 끝나면 1시간 동안 나 하나를 앉혀놓고 예배를 드렸다. 기도는 물론 매주 내 담당이었다. 그날도 어김없이 그렇게 하고 교회 갔는데 그 찬양경연대회가 마지막이 될 줄은 그 누구도 몰랐다.

간증이 끝나고 내가 "낮엔 해처럼" 찬양을 하는데 온 성도들이 눈물바다가 되었고 나 역시 찬양이라기보다는 오열로 찬양을 끝냈다. 들어와 앉아 생각하니 성도들 보기에도 미안하고 부끄러운 생각이 들었다. 내 차례가 3번째였고 12번까지 있었는데 엄숙해진 순간도 잠시고 또 은혜로운 시간이 진행되어 찬양대회는 은혜 가운데 잘 마쳤다. 내 찬양이 그래도 은혜로운 시간이었다고 '은혜의 상'을 주었다.

남편이 하나님께 가실 때 단양교회 첫 번째 교회장으로 했는데 앞 강대상 위에 우리 남편 관을 올려놓고 꽃다발 장식을 했었다. 내가 몇 개월 후에 헌금위원이 되어 헌금을 강대상에 올려놓고 강대상 앞에 섰는데, 문득 남편 관이 마지막으로 있던 자리에 지금 내가 처음으로 섰다는 생각이 들었다. 평소에 남편이 하늘나라에 가고 나서 별로 눈물을 흘린 적이 없었는데 그 주일날 헌금시간에 거기 서 있는데 눈물이 솟구쳐 감당하기가 어려웠다. 겨우 참고 예배를 마치고도 점심을 먹을 수가 없어 얼마 동안 마음을 추슬러야 했다.

또 다음해 가을이 되어 추수감수주일이 돌아와 찬양 신청을 하라고 해서 내가 제일 먼저 신청했다. 작년에는 너무 눈물이 나와서 여러분을 울리고 분위기를 썰렁하게 했으니 올해는 울지 않고 기쁘고 즐거운 마음으로 찬양을 하겠다고 말하고 "내 영혼이 은총 입어 중한 죄 짐 벗고 보니"를 은혜롭게 불렀다.

여호와이레

세월은 참으로 살같이 빠르다. 남편 먼저 하늘나라 보내고 혼자 남아 살아가려니 집안이 비어 있는 기분이 들고 마을도 비어 있는 것 같았다. 교회에 가면 교회도 비어 있고 온 세상이 다 비어 있는 그 마음은 이루 말할 수가 없었다. 하지만 남편을 보내고 지난 4년간 여호와이레로 도와주시는 분들이 많아 어려움 없이 잘 살아가고 있다. 그분들을 꼭 소개하고 싶다. 매주 주일이면 자가용으로 우리 집까지 와서 교회까지 데려다주고 농사일이나 집안에 힘든 일을 도와주는 집사님도 계시고, 자식같이 형제같이 돌봐주시는 분도 계시다. 때로는 혈육같이 느껴져 참 감사하다.

교회에 데려다주시는 감리교회 권사님은 알고 지낸 세월이 20여 년 된다. 건축을 하시는 권사님이신데, 우리 집도 15년 전부터 건축해 주시고 아들딸 남매를 훌륭하게 키워 다 출가해서 행복하게 사는 분이었다. 그러다 10년 전에 부인 집사님이 하늘나라 가시고 사별하게 되어 혼자 지내셨는데, 우리 동네에 감리교 권사님이 좋은 분이 계셔서 10년 전 우리 남편하고 나하고 그분들을 만나게 해주어 재혼을 하셨다. 그 후로 행복하게 신앙생활도 잘 하고 잘 살고 있다. 그 두 분이 만난 지 5년 만에 우리 남편이 돌아가시게 되어 그때부터 한주일도 빼지 않고 나를 교회에다 데려다주고 있다. 두 분이 잘 만나서 행복하게 산다 해도 한두 해 정도만 하면 그만일 텐데, 아마 내가 근력이 있어 교회 갈 기력이 있을 동안은 계속 데려다주실 것 같다.

처음에는 자기네를 잘 만나게 해줘서 감사하다고 남편과 나에게 고급 의복도 선물해 주고 고맙다고 정말 행복하게 잘 살겠다고 했는데, 지금 생각해 보면 남편 일찍 데려가시고 하나님께서 나를 보호하고 지켜주면서 돌봐주라고 그네들을 만나게 하신 것 같다. 사는 곳도 나는 산속 동네에 살고 그분들은 한 1킬로미터 떨어진 밑에 동네에 사는데, 조금 힘든 일이 있으면 다 도와주고 돌봐주고 있다. 그리고 그 강효섭 권사님은 신앙생활 뜨겁게 하면서 많은 은혜 체험도 많이 하여 나뿐만 아니라 나 만나기 전부터 교회나 어려운 목사님들을 계속 도우며 사시는 분이다. 자기네도 많이 넉넉하지 않지만 하나님께서 교회와 어려운 목사님을 도와드리라고 마음을 주시면 아무리 힘들어도 바로 순종하는 그런 권사님이다. 어떤 기도원과 교회를 하시는 여목사님이 계시는데 교회도 보수 없이 1년 동안이나 건축을 해드리고 은행에서 돈을 빌려 기도원도 해드렸다 한다. 또 전라도에 계시는 목사님께서 양로원을 하신다 하여 그곳까지 가서 건축을 해주는 것을 보았다. 사람이 스스로 어떻게 그렇게 할수 있을까. 하나님께서 마음을 주시니 그 일을 하면서 항상 찬송을 하며 기쁨으로 하는 것을 보게 된다.

우리 큰아들도 화성 동탄 신도시에서 개척교회를 하는데 장년이 한 20-30명, 주일학생이 한 20여 명 된다. 주일날이면 젊은 부부들이 모여 은혜롭고 재미있게 주일예배를 드린다. 사랑이 많고 아주 보기 좋은 교회, 하나님께서 기뻐하시는 교회지만 신도시다 보니 건물세라든가 재정적으로 어렵고 힘들 때가 많다. 그럴 때마다 강효섭 권사님께서 몇 차례나 도와주셨다. 차량구입이라든가 어려울 때마다 하나님 성령께서 인도하셔서 그 일을 하셨다. 누가 그분께 사정 얘기를 한 것도 아닌데 꼭 타이밍 맞게 그렇게 할 때면 첫째는 하나님 은혜에 감탄하고 둘째는 그 권사님이 어떻게 그렇게 하나님께 귀하게 쓰임 받는지 존경스럽고 사랑스럽고 고맙고 부럽기도 하다. 그렇다고 돈을 쌓아놓고 사는 것도 아닌데 남이 볼 때 항상 풍족해 보이고 누구에게나 당당한 그런 모습이다.

반면에 부인 권사님은 아주 내조도 잘하고 믿음이 좋은 순종파 부인 이시다. 남편이 하나님의 은혜로 좋은 일을 하겠다고 해도 부인 권사님이 반대하고 불평하면 모든 것이 가능할 수가 없다. 그런데 그런 남편 뒤에는 믿음도 좋고 인품도 좋은 부인의 내조가 있다. 그 두 부부 슬하에 아들딸 남매가 있는데 그 자녀들이 다 믿음 좋고 축복받아 부모님께 효도하며 양가 자녀들끼리 친형제보다 더 의좋은 형제로 잘 지내고 있다. 많은 사람들이 다 부러워하는 집이다. 이 강효섭 집사님 나이가 벌써 61세, 2015년도 회갑을 맞이했다. 이렇게 하나님께 충성스러운 직분자는 나이가 드는 것이 아깝다. 나하고는 각자 다른 교회에 다닌다. 나는 통합측 장로교회에 다녀서 우리 교회에 데려다주고 또 자기네 교회로 간다. 자기네 교회에서도 목사님과 사모님 사랑을 많이 받는 부부 권사로 섬기고 있다.

내가 남편 살아생전에는 사슴도 기르고 오미자 농사 등등 여러 가지 농사일을 했지만 지금은 고사리 농사만 하고 밭이 한 천여 평 있다. 그런데 밭을 경작할 사람이 없어 올해도 들깨 농사를 했다. 남편 살아생전부터 혈육같이 농사일도 함께 하고 서로 돕고 살며 한 교회를 섬기던 문호채 집사님이 있다. 우리 남편보다 스무 살 젊은, 아들같이 생각하던 그 집사님이 남편 돌아가신 후에 정말 가족같이 힘든 일 어려운 일을 많이 도와주었다. 나 혼자 살아가고 있지만 이렇게 두 분 감리교 권사님이 한 분은 차 운행으로, 한 분은 농사일, 힘든 일 많이 도와주셔서 하루하루를 주님의 은혜 가운데 감사한 마음으로 살고 있다. 아들 같은 문호채 집사님은 친환경 농사를 하는데 세상에 모든 사람이 먹거리를 좋은 것을 먹어야 건강하다면서 모든 농사는 다 유기 농사로 하신다. 벼농사도 우렁이 농법으로 하고 단양군 유기농 친환경 농법의 총무직을 맡아 보고 있다. 우리 큰아들 교회에도 친환경 현미 쌀을 몇 가마나 봉사하며 좋은 것 드시고 건강해야 된다고 누구에게나 봉사하며 사는 그런 집사님이다. 지금은 교회를 옮겨서 각자 섬기고 있다. 이 세상에는 나쁜 사람도 많지만 좋은 분들이 더 많다. 이 모든 은혜를 입고 사는 나는 갚을 길이 없어 매일매일 기도로 보답하기 위해 정말로 간절한 마음으로 그들이 하나님께 큰 축복과 은혜를 입기를 매일같이 기도드린다.

우리 자녀가 4남매인데 자녀들이 그때만 해도 중고등부 등록금에다 매일 점심 도시락 싸주랴 어려움이 많았다. 큰아들 신학대학 다닐 때 내가 출석하고 있는 교회 권사님들 몇 분이 물질로 기도로 많이 도와주셨다. 타지로 이사 가신 분들도 계시고 지금까지 함께 교회를 섬기는 분들도 계시다. 일일이 인사도 제대로 드리지 못해서 지금 이 기회에 많이 감사했다고 인사를 드리고 싶다. 항상 잊지는 않았지만 보답을 하지 못했다. 그래서 교회와 그분들을 위해서 더 많이 기도해야겠다고 하나님 앞에 다짐하고 있다. ✍

본받고 싶은 사람들

그동안 교회에는 은혜로운 일도 많았지만 어려운 일도 너무 많았다. 우리 교회 허강대 목사님 오신 지도 2015년도로 18년이 된다. 목사님 오셔서 어려움도 많으셨지만 큰일도 많이 하시고 끈기 있게 믿음으로 질해 나가셔서 지금은 안정되고 은혜로운 교회로 성장하고 있다. 어린이집도 사모님 원장님이 잘하시고 젊은 성도들이 많고 활기가 넘친다.

또 은퇴목사님 김종렬 목사님이 계신다. 영남신학대학교 총장을 역임하셨고 새고을기독서원 원장님, 목회연구원 원장님으로 활동하시면서 전국 목회자들을 위해 영적으로 많은 일과 도움을 주시는 목사님께서 우리 교회 오시면서 큰 힘이 되었다. 우리 목사님도 김종렬 목사님과 함께 일하시며 모든 책임을 다하여 목사님들 사역하시는 데 최선을 다하고 계신다.

또 우리 교회에는 자랑하고 소개하고 싶은 가정이 있다. 교회를 관리하는 관리집사님 부부가 계신다. 바깥 남자 집사님도 좋은 분이고 평생 교회관리만 하면서 살기에는 너무 아까운 분이다. 여전도 세미나 시찰회나 모든 회의 때 우리 여전도회를 차량운전 해 가면 모르는 사람들은 집사님에게 목사님이라 부르면서 목사님 대접을 하곤 한다. 뿐만 아니라 모든 것을 못하는 일이 없고 모르는 것이 없는 팔방미남이다. 우리 교회에 30여 년 전 관리집사로 와서 단 한 번도 다른 교회로 옮기지 않고 우리 교회만 섬기고 있다. 제천에 자택도 마련해 놓았지만 자녀들이 왜 우리 집도 있는데 교회서만 사냐고 해도 바깥 집사님께서 그만두면 하나님께서 벌주고 혼낼 것 같아 아무 데도 못 간다면서, 사찰할 바엔 단양교회서 끝까지 봉사하겠다고 한다. 자기가 하는 일을 천직으로 생각하면서 오늘도 내일도 최선을 다하는 집사님을 볼 때 정말 존경스럽고 사랑스럽다. 어린이집 차량운행까지 하는데 모든 어린이들이 자기 아빠보다 우리 김종태 집사님을 더 좋아한다.

신랑 집사님도 이렇게 좋은데 부인 임지혜 권사님은 내가 영적으로 제일 부러워하는 권사님이다. 지금까지 집사님으로 봉사했는데 2014년도 4월에 권사님으로 취임하셨다. 내가 본인 듣는 데서 "나중에 하늘나라에 가면 권사님은 하늘 상급이 얼마나 많을까. 항상 나는 부럽고 샘이 난다"고 말했다. 온 교회 성도들을 내 가족같이 생각하며 돌보고 섬긴다. 하나하나 자랑과 칭찬을 하려면 한이 없다. 집집마다 안 쓰는 물건, 옷가지 등등 가지고 오라고 해서 이건 누구에게 합당하고 어느 집에 필요에 따라 챙겨 주고, 농사나 안 먹는 음식 채소 이런 것들도 교회 가지고 오라고 해서 우리 교회는 급식비는 그렇게 넉넉하지 않지만 매주 주일날 점심시간은 그야말로 축제 중의 축제 분위기다. 목사님이 전해 주시는 영적인 양식도 간단하고 담백한 말씀으로 은혜의 예배를 드리는데, 점심시간은 또 얼마나 은혜로운지 매일매일 주일날이 기다려진다. 못 믿으시면 주일날 한 번쯤 오셔도 손해 보지 않고 정말 은혜 받고 후회하지 않으리라 믿는다.

교회에 새 신자가 들어오면 얼마나 잘 보살피는지 도중하차가 없다. 영의 젖을 잘 먹여서 성도의 기본자세까지 사랑과 은혜로 잘 가르치면 가정과 심령을 헤아리며 역할을 잘 감당한다. 사모님도 성도들을 잘 돌보시고 사랑과 지혜로 잘하시지만 어린이집 원장도 맡아 하시느라 늘 바쁘시니 나머지 돌보는 일을 사찰집사님과 권사님들이 잘 감당하는데, 우리 권사들 중에서 임지혜 권사님이 많이 한다. 병원에 입원한 성도들도 찾아다니며 기도와 음식으로 사랑을 베푼다. 우리 교회는 애경사가 있을 때마다 떡과 과일, 불고기 반찬 등을 베풀어서 일부 남은 음식을 챙겨 병원 심방, 어려운 가정 심방을 다니며 늘 전도를 게을리하지 않는다. 몇몇 권사님들과 기도 멤버들이 임지혜 권사님과 함께 늘 노력과 기도로 열심을 다하는 것을 볼 때 하나님도 기뻐하시고 목사님도 힘이 나시리라 믿는다.

또 우리 충주성서신학원이 24회째 계속되었는데 충주에서만 가르치니 외곽에 사는 성도들은 기회가 없어 원장이신 허강대 목사님이 2014년부터 제2강의실을 열고 그 첫 번째로 단양교회에서 16명을 등록받아 13명이 수료하였다. 그중 우리 단양교회 성도가 10명이다. (2016년 가을학기부터는 제천 명락교회에서 14명이 등록하고 강의가 시작되었다.) 그래서 희망이 보이고 활력이 넘친다.

그리고 정말 이분들은 내가 꼭 소개하고 싶은 영적인 분들, 평생 잊지 못할 뿐 아니라 어떻게 그렇게 살 수 있을까 늘 의문인 분들이다. 지금으로부터 40년이 넘은 얘기를 하고자 한다. 내 여동생들이 3명 있는데 둘째와 셋째가 부산에 있는 한일합섬 회사에 다녔다. 그때 둘째는 결혼을 했고 셋째가 혼자 자취를 했다. 주인집에 연세 많은 노부부 장로님과 권사님이 계셨다. 두 분 다 연세가 여든에서 아흔 가까이 되어 보였는데 머리는 백발이 되어 검은 머리카락을 찾을 수가 없었다. 할머니 권사님은 체격이 크신데 몸이 많이 불편해서 부항기를 방바닥에 놓고 항상 장로님께서 권사님 몸에다 부항 뜸을 해

주셨다. 그러시다가 그때 내 생각에는 텔레비전인지 라디오 방송인지 서울에서 큰 불이 나서 뉴스에 나오니까 "여보, 장로님, 이렇게 큰 불이 났다는데 기도합시다" 하면서 그 두 분이 간절하게 기도하는 것을 보았다. 그때 나는 신앙생활을 했지만 깊은 믿음이 없어 도저히 이해가 안 갔다. 하루 종일 사건만 있으면 나라와 민족, 어려운 사람들을 위해 기도로 사는 그분들을 한평생 잊고 살았는데 내가 몇 자의 글이나마 쓰다 보니 기도 중에 이분들 생각이 떠올랐다. 어쩌면 내 기도하기도 바쁜데 평생을 나라와 민족, 남을 위해 이렇게 기도하실까. 이런 애국하시는 분들이 계셔서 오늘날 우리나라가 복을 받고 기독교가 부흥 성장하지 않았을까 생각한다. 내 나이도 어느덧 칠십을 바라보는데 이분들처럼 늙어갔으면 한다. 비록 남편 장로님은 앞서 하늘나라에 갔지만 남은 나라도 장로님 몫까지 더 많이 기도하고 진실 되고 참되게 살아가겠다고 아버지 하나님께 기도하면서 결심한다.

영적으로 부러운 세 번째 사람을 소개할까 한다. 우리 9남매 중 셋째 딸 권영순 사모가 있다. 이 여동생은 중학교 다닐 때 방언의 은사를 받고 항상 하나님 뜻대로 살기를 원하며 부산에서 직장생활을 하다가 내 밑에 동생 권주식 목사가 서울에서 개척교회 할 때 강남구 목사, 지금의 남편을 소개받아 결혼하게 되었다. 그 당시 공구사업을 하다가 부도가 나서 남편이 사우디아라비아로 돈을 벌러 가서 한 4-5년 동안 안 왔다. 1남1녀 두 자녀가 있었고 서울 상도동에서 살았는데 혼자 아이 둘을 키우며 교회에 열심히 다녔다. 몇 천 명 교회에서도 성경암송대회를 하면 1등을 하고 하루에 일곱 번씩 예배를 드리고 종일토록 성경보고 예배드리고 그렇게 세월을 보냈다.

한 번은 여호와의 증인들이 와서 성경토론을 하는데 메모지를 내어놓고 배울 만한 것은 기록하면서 얼마나 대화를 했는지 자기네가 가서 더 공부 많이 해서 다시 온다고 가더란다. 며칠 후에 4-5명이 와서 대화 끝에 이렇게 만났으니 기도나 하고 헤어지자고 하며 동생이 먼저 기도한다고 하고 기도를 은혜롭게 하고 나서 이제는 당신들 기도 차례이니 하라고 하니, 그들은 기도도 안 하고 성령도 부인하면서 성경구절 몇 구절만 달달 외워오니까 기도 시간에 기도도 못하고 땀을 뻘뻘 흘리며 혼비백산해서 도망간 후 다시는 안 오더란다.

그리고 간경화에 정신 이상까지 들린 40대 여자 한 분을 만나 동생이 매일 붙잡고 기도하고 예배드리고 해서 나중에 병마도 물러가고 정신도 깨끗이 치유되었다고 했다. 몇 년 후에 남편이 해외에서 돌아와 군포로 이사를 해서 남편과 함께 교회를 섬기며 열심히 살다가 남편이 사명을 받고 신학을 해서 나이 사십에 대학원 가고 47세에 목사가 되어 지금까지 목회를 하고 있다. 자녀들이 중고등부, 대학 다니며 청년부, 학생부, 청장년 해서 개척교회 60-70명 되어 가족 같은 분위기로 목회가 은혜롭고 재미있었는데 오늘날 큰 교회로 부흥이 안 되고 어려움 가운데 있다. 이런 게 개척교회의 힘듦이다.

자녀들이 성장해서 다 결혼해서 아들도 다른 교회 부목사로 나가고 딸도 결혼해서 미국에 가 있다. 사위도 목사고 아들 아버지 한 가정에 목사가 3명이나 되지만 아버지 교회는 자녀들이 다 나가서 썰렁하고 성도들도 큰 교회로 많이 떠났다. 사모는 금식을 밥 먹듯 하고 기도도 끝없이 하지만 교회 부흥은 쉽지 않다.

자녀들이 잘되는 것이 부모의 희망이고 소망일 것이다. 사모도 신학을 공부해서 지금은 강도사가 되었지만 평생 기도하고 영적인 무장과 항상 준비된 마음으로 사는데 언제 하나님께서 쓰실는지…기도 많이 하고 영적으로 사는 동생이 항상 부럽고 존경스러웠다. 내가 보고 느끼는 그 모습과 진실을 글로 잘 표현하지 못하지만 어쨌든 하나님이 사랑하고 기뻐하는 여종이라는 것을 형제자매지만 항상 느끼곤 한다.

우리 9남매 중 자랑할 만한 형제도 있고 때로는 어려움과 시험을 겪는 형제자매도 있다. 고난과 시험이 없이는 어떻게 보람과 기쁨을 맛볼 수 있을까. 이 모든 어려움과 고난을 하나님께서 필요에 따라 주신다고 생각하면 날마다 감사할 수밖에 없다.

하늘나라 천국도 나에게 이제 낯설지가 않다. 우리 아버지 어머니도 떠나시고 내 여동생 막내가 35세 삼일절에 하늘나라에 갔다. 딸이 둘인데 큰딸이 초3, 작은딸이 다섯 살, 두 딸을 남겨두고 갔는데 벌써 15년이란 세월이 흘렀다.

우리 남편이 2011년도에 천국으로 가셨으니 4년이 지나 5년째가 되었다. 이 땅에 사는 것도 좋지만 하늘나라 가는 것도 두렵지 않다. 내가 제일 사랑하는 사람들이 이미 가 있는 그 하늘나라가 그립고 가고 싶을 때가 있다.

남편이 하늘나라에 가던 해 농사 준비를 다 해놓고 2011년 4월에 돌아가셔서 내가 혼자 농사일을 하게 되었다. 동네 사람들이 모두가 7명 사는데 밭에 나가 일을 하다 보면 종일 말을 한마디도 해보지 못하고 지내는 날이 있다. 그날따라 오후 5시경에 큰아들 나희주 목사가 전화를 해서 내가 반갑다 그러면서 "오늘 내 입으로 말을 한마디도 못해 봤는데 지금 전화가 와서 처음 말을 하네" 했다. 며칠 후 또 큰아들이 전화를 했는데 그날은 동네 원두막에서 삼겹살 고기를 구워먹는데 전화가 와서 오늘은 동네 사람들과 고기를 구워 먹는다고 했더니 다행이라면서 좋아했다. 작은아들 나성주 목사도 누나가 둘이 있으니 엄마한테 전화 자주하라고 해서 그다음부터는 매일매일 4남매들이 전화를 자주 해서 사람하고는 대화를 자주 못해도 자녀들과 전화 통화는 많이 하고 있다.

얼마 후 큰아들 교회에 갔는데 우리 아들 목사님이 설교시간에 내 얘기를 했다. 교회 성도 집사님들이 예배 후에 나를 안아주면서 외로워서 어떡하느냐며 위로해 주고 여전도회에서 여전도회장님까지 나에게 선물을 해주며 힘을 내라고 했다. 하나님 예수님이 계시기에 이제는 외롭지도 쓸쓸하지도 않고 행복한 마음으로 잘 살아가고 있다.

교회마다 가정마다 심령마다 악한 마귀가 틈타 우리를 지배하지 못하도록 겸손하고 온유한 마음으로 무장해야 된다. 내가 이 글을 쓰기 시작한 것이 세월호 사고가 있고 나서 며칠 후에 시작했는데 그 세월호도 악령의 역사인 것을 믿는 우리들은 다 알고 있다. 이단종파 사이비 구원파가 완전히 악령의 역사이며 많은 사람들의 가정을 파탄내고 물질을 챙기고 결국에는 꽃다운 우리나라의 보배들을 수백 명 앗아가고 결국에는 지도자 유병언 교주가 비참한 죽음을 맞았다. 천하가 다 자기 것이라도 마지막 종말에 온 가족이 비참해지는 그 참혹함을 마귀는 노리고 있다.

성경말씀 중 욥기를 보면 마귀는 저주와 불행, 가정을 망치는 일은 해도 결국의 축복은 하나님께서만 주시는 것을 볼 수 있다. 우리는 정신을 차리고 기도해서 나라를 지키고 교회를 지키고 내 가정 내 심령을 지켜야 한다. 후히 주시고 꾸짖지 아니하시는 우리 아버지 하나님께 성령충만함과 기도의 능력을 달라고 깨어서 기도해야 할 것이다.

내가 살고 있는 동네는 겨울에는 네 집, 여름에는 농사하러 오는 집들까지 일곱 집 정도 되는데 지금은 네 집 모두 합쳐 7명밖에 안 된다. 옛날 정감록 책에 보면 이 동네를 가리켜 피난처라고 하는데, 그래서 동네 사람 윗대 조상들이 거의 이북사람이다. 피난처라 해서 이 동네를 찾아왔다고 한다. 우리 장로님 살아생전에도 이 동네에 자부심이 많았다. 내가 양로원을 기도원하고 같이 하자고 하니 양로원을 아무나 하느냐고 하면서 말도 못하게 하더니, 양로원은 못하더라도 누구에게나 피난처가 되고 산속 산골 좋아하는 분들이 있으면 함께 더불어 살자는 의미로 "자매원"이라 이름하면 어떻겠냐고 말씀한 적이 있는데 실천을 못하고 천국에 가셨다.

우리 밭이 1,200평 있는데 지금은 고사리 농사를 대략 400평 정도 경작한다. 2015년도에는 그것을 다 캐어서 큰 밭으로 옮겨 심을 계획이다. 하늘 밑에 첫 동네, 달맞이 동네, 깊은 산골 동네가 궁금한 분들은 구경도 하고 고사리도 꺾어 가고 하면 좋겠다. 희망자는 언제라도 오시는 것을 환영하겠습니다. 이곳은 며칠 쉬어 가기도 좋고 기도하기도 좋은 곳이다. 이제 나의 인생수기는 거의 끝머리가 되어 가는데 없는 내용을 쓴 것은 생각나지 않지만 빠진 내용들은 가끔 생각이 난다. 어디에다 집어넣을 수도 없고 해서 아쉬운 마음도 있다.

김영삼 대통령과의 인연

이 이야기를 빼놓으려니 후회할 것 같아 두려운 마음으로 기록하고자 한다. 지금으로부터 한 25년 전 어느 밤 저녁밥상을 방으로 가지고 와서 방바닥에 막 내려놓으려는 순간 하나님 아버지 성령께서 주시는 생각이 스쳐갔다. "한 12년 전 네가 충북 단양군 영춘면 강변 배머리 강가에서 전도한 그분이 바로 김영삼 씨, 앞으로 3년 후 대통령으로 나올 그 사람이다"라고 내 마음에 너무나 선명하고 명백하게 느껴졌다. 저녁을 먹는 둥 마는 둥 하고 저녁 먹은 설거지를 하고 기도원으로 나아가서 생각을 더듬으면서 기억을 되살려보았다.

지금 내 딸 나혜진 집사가 38살인데, 두 살이나 세 살 무렵에 강원도 태백 기도원 이옥희 원장 통변사 최경자 권사님께서 기도원이 한창 은혜롭고 성도들도 많이 모일 때 여름인데 7월인지 8월인지 기억은 잘 안 나지만 그 기도원을 나 혼자 딸을 업고 갔었다. 그런데 집에 오는데 비가 많이 와 쌍용이라는 곳으로 돌아오다가 사이곡 동네에 옛날에 우리하고 한마을 살던 조복

순이라는 후배가 교회에 다니고 있어 그 후배가 사는 집에 들어가서 자고 한 30리 길을 걸어서 아기를 업고 영춘 강가에까지 왔다. 거의 점심쯤 되었는데 그때는 버스가 큰 배를 타고 건너갔다. 다리가 안 놓였을 때라 그 나루터에서 2시간을 기다려 오후 2시에 배를 하루 한 번 건넜다. 물이 안 많을 때는 버스 올 때마다 하루 두세 번 건너지만 장마철이라 강물이 너무 많아 하루에 한 번 오후 2시에 건넜다.

거기서 2시간을 기다리는데 집도 하나 없고 의자도 하나 없어 2시간을 계속 서 있어야 했다. 그래서 나는 거기서 또 전도하기 시작했다. 그때는 입만 열면 몇 시간이라도 끝없이 말이 나올 때였다. 나는 어떤 신사 분께 집중적으로 전도를 했다. 그랬더니 그 신사 분께서 나를 곁눈질로 아래위를 훑어보시더니 참 갈갖게 보시는 것 같았다. 한주일 기도원에서 밥을 사먹어야 하니 돈이 없고 해서 반은 굶은 데다, 30리 길을 걸어온 상태였고 아기 젖 먹을 땐데 점심도 못 먹고 허기져 내 꼴이 완전 거지꼴이었을 것이다. 그러면서 속에서는 믿음의 에너지, 성령의 에너지가 폭발을 하니 참으로 갈갖았을 것이다.

얼마쯤 전도를 하고 선생님 성함이 알려주시면 제가 기도해 드리겠다고 하니 "내 이름을 가르쳐주면 우리나라 사람이라면 거의 다 알 텐데 이름 알려주는 것은 사양하겠다"고 했다. 그러시면서 자기네도 외가 쪽은 다 예수 믿는다고 했다. 내가 "어디를 가시느냐" 하니 구인사에 가는 길이라 했다. 옷차림은 등산복에다 등산 가방을 매고 모자도 쓰시고 다리에는 등산 스타킹을 했었다. 지금도 금방 본 것처럼 생생하다.

그때 그곳에 있던 사람은 서너 명밖에 없었다. 곧 배가 건너와서 그분은 구인사로 가시고 나는 영춘에서 동대리라는 곳으로 6킬로미터 되는 산 넘어 벼랑 끝의 길 큰 고개를 넘어 집에 왔다. 해가 거의 저물어 집에 와서 저녁을 해먹으면서 내가 우리 신랑한테 "오늘 대단한 사람을 만났다. 내가 웬만한 사람들한테는 아저씨라고 부르는데 그분께는 선생님이라 했다. 선생님 이름 알려 달라 하니 자기 이름을 알려주면 우리나라 사람은 다 안다고 하더라" 하고 말했다. 그때 우리 집에는 텔레비전이 없었다. 어떤 분이길래 그렇게 말했을까 하고선 한동안 잊고 있던 기억이었다. 그로부터 한 3년 지난 그날 밤 성령께서 갑자기 생각나게 하시니 기절초풍할 뻔했다. 그래서 그날 밤 기도원에 나가서 기도하며 생각하니 너무나 무섭고 기가 막혔다. 아무한테도 남편한테 그 말을 할 수가 없었다.

3년 후에 그분이 대통령 나와서 대통령이 될 텐데 지금부터 기도 많이 하고 편지를 세 번 하라는 마음이 왔다. 내가 시골농촌에서 동생 키우고 5학년 때부터 여름이면 하루건너 한 번씩 학교 못 가고 나무불 때서 점심밥 하고 너무 부족하고 무식한데 편지를 쓰라니, 청천벽락 같은 말씀이었다. 나는 40일을 밤 9시부터 12시까지 기도하고 3일 금식하고 또 3일이 지나 또 3일 금식하고 했지만 마음은 늘 답답하고 불안했다. 그래서 군포 내 동생 권영순 사모한테 가서 이런 얘기를 하고 내 대신 편지를 좀 써달라고 해서 부쳐 달라고 했더니 몇 달 후에 답장 속에 3장의 편지를 써서 부쳐 왔는데 그것을 봐도 신통치 않았다. 내 나름대로 다시 편지를 썼다. "오래전 단양 영춘 강변에서 전도하던 미치광이 같은 사람인데, 하나님께서 3년 후면 김영삼 장로님께서 앞으로 대통령이 된다고 위해서 기도하라고 해서 이 글을 올립니다." 이렇게 쓰기는 했는데 보내드릴 방법이 없어 충현교회로 해서 보냈다. 그분께 전달이 되었는지는 모르겠다. 하나님이 하라고 해서 했으니 전달이 되었다고 믿는다.

나중에 우리 남편에게 내가 편지했다는 소리는 안 하고 그냥 그 이야기를 해주었더니 그분이 정말 대단한 분이라고 26세 때 국회의원이 된 분이니 정말 대단한 분이라고 했다. 그래서 우리는 두 부부가 매일 예배 때마다 그분의 성함을 부르면서 정말 기도하고 대통령 되고도 끝까지 기도했다. 나중에 텔레비전에 나오신 것을 보니 정말 영춘 강변 나루터에서 본 그분이 맞았다. 옆으로 나를 훑어보는 그 모습. 성함을 가르쳐 달라고 했을 때 경상도 억양이며 틀림없는 그분이었다.

처음 편지는 3년 후에 대통령 된다고 그런 내용, 마음의 준비를 하시고 기도 많이 하시라는 내용이었고, 또 1년 후에 다시 편지를 보냈다. 그분을 위해 기도하는데 옛날 역사드라마 보면 왕궁이 있는데 신하들만 파란 옷을 입고 머리에는 까만 관을 쓰고 양쪽으로 엎드려 있는 그 모습이 보이는데 앞에 임금이 안 보이는 환상을 하나님께서 보여주셨다. 그래서 무엇인지 모르지만 너무 두렵고 떨렸다. 지금은 오래되어 내용이 잘 생각이 안 나지만 대통령을 해도 너무 힘들고 어려운 일이 많을 것 같은 생각이 들었다. 그래서 2년 만에 두 번째 편지를 보냈다. 신하들만 있는 환상을 보고 3일 만에 다시 또 보여주셨는데 빨간 갑옷과 머리에 임금 관을 쓰시고 무슨 뜰 밖에 외롭게 서 계시며 깊은 생각을 하는 모습을 보여주셨다. 그래서 그 두 가지 내용을 적어서 보내드렸다.

나는 지금도 12-13년 전 전도하게 하시고 십여 년 후에 왜 나같이 무식한 자에게 기도하라 하셨는지 정말 궁금하다. 그분은 벌써 그때 예수 믿고 장로님이었던 걸로 알고 있는데, 전도할 대상도 아닌데 이상한 여자가 전도할 때 왜 가만히 계셨을까. 자기가 장로라도 하긴 그렇고 무슨 하나님의 뜻으로 나같은 무식쟁이를 시험하셨는지 지금도 아리송하다.

두 번째 편지를 보내기 전에는 우연인지는 모르지만 김영삼 장로님, 손명순 권사님 사진이 예쁘게 찍힌 카드가 우리 기도원으로 왔었다. 물론 우리 기도원뿐만 아니라 다른 교회나 기도원에도 왔는지 모르지만 어쨌든 연하장이 와서 상도동 집주소로 두 번째 편지를 보냈다.

세 번째 편지는 정말 3년 후에 대통령 선거에 나오셔서 단양에 유세하러 오셨는데 우리는 너무 산골에 살다 보니 참석도 못했다. 그래서 너무 아섭고 서운해서 유세 왔다 가시고 며칠 후에 상도동 집으로 마지막 편지를 보냈다. 내용은 지금은 생각도 나지 않는다. 20년이 넘었으니 거의 잊어버렸다. 모든 편지 내용이 별 볼 일 있었겠는가. 본인이 정말 보셨는지, 아버지 하나님께서 나를 훈련시키고 순종하나 보려고 그냥 보내라 하신건지 알 길이 없다. 굿집에서도 그렇게 망신시키시고 제천 기차역전에서도 미친 여자에게 두세 시간 기도시키시고, 하나님은 왜 나에게 그런 일을 시키셨을까. 무식하면 용감하다는 말이 나에게 해당되는 말인 것 같다. 지금까지 내 생각으로 그리한 건지 아니면 마귀의 종노릇 한 건지 헷갈리지만 내 삶의 열매가 그것을 증명할 것이다.

간증을 마치며

지금 생각하면 어떻게 그렇게 살았는지 아득하고 꿈만 같은 일생이었다. 몇 년 동안 나에게 큰 숙제처럼 남아 있던 이 간증집을 이제야 마무리하게 되어 몸도 마음도 한결 가볍다.

마지막 이야기는 전직 대통령 이야기라 기록하지 말까도 생각했지만, 큰 죄도 아니고 기도해 드리라고 해서 기도한 일밖에 없는데 큰 실수는 아니겠지 하고 후회하지 않기 위해 넣었다.

2016년 올해 내 나이가 벌써 70세이고 권사 은퇴를 앞두고 있다. 또한 섬기고 있는 단양장로교회가 50주년이 되는 해이기도 하다. 하여 이 간증집을 내는 데 큰 의미가 있다고 생각한다.

일평생 함께해 주신 하나님께 영광을 돌리며 끝을 맺는다.

권영자 권사